Niemann · Der Kniff mit dem Knie

Harry Niemann

DER KNIFF MIT DEM KNIE

Motorbuch·Verlag Stuttgart

Einbandgestaltung: Anita Ament unter Verwendung einer Abbildung aus dem Archiv des Autors

Den besonderen Dank möchte der Autor den Bildgebern aussprechen; Franz-Josef Schermer von der Zeitschrift »Mo«, Matthias Kautsch von »Moto aktiv« sowie Gerhard Hohmeier, Reutlingen

ISBN 3-613-01737-7

1. Auflage 1996
Copyright © by Motorbuch Verlag
Postfach 107343, 70032 Stuttgart
Ein Unternehmen der Paul Pietsch Verlage GmbH + Co
DTP: IPa, 71665 Vaihingen / Enz
Druck: Maisch & Queck, 70839 Gerlingen
Bindung: Karl Dieringer, 70839 Gerlingen
Printed in Germany

Inhaltsverzeichnis

VI. Routine und Pannen

Zum Motorradrennsport kam ich erst relativ spät. Zuvor aber war ich ein begeisterter Motorradfahrer, - bei Wind und Wetter mit meiner Maschine unterwegs. Mit keiner anderen Fahrzeuggattung läßt sich Landschaft und Fahren in dieser faszinierenden Art erleben.

1985, bei einem Urlaub in Österreich, kam ich zum ersten Mal mit einer Rennstrecke in Berührung, dem Salzburgring. Ich sah eine Reihe Motorradfahrer, die dort mit ihren Straßenmaschinen ihre Runden drehten. Es war ein faszinierendes Bild , diese Fahrer, die wie Perlen auf der Schnur aneinandergereiht ihre Runden drehten, auf dieser malerisch in die Landschaft gebauten Strecke zu beobachten. Ich fragte sofort nach, ob jedermann die Strecke befahren konnte. Es war möglich. Ich kaufte sofort ein Ticket. So fuhr ich denn meine Premiere-Runden auf dem Salzburgring und war von dem Erlebnis Rennstrecke von Anfang an begeistert.

Ohne die Risiken des Straßenverkehrs, ganz auf die eigene Linie konzentriert an die Grenzen von Mensch und Maschine zu gehen, das nahm mich von Anfang an gefangen.

Kaum vom Urlaub zurück, begann ich eine aktive Sportbeteiligung für das kommende Jahr vorzubereiten. 1986 gab es den Yamaha-Castrol-Cup, der ein ideales Sprungbrett in die Welt des Motorradsports bildete. Ich hatte damals das Glück, unter vielen Bewerbern einen der Pätze zu bekommen.

Für diese Saison bereitete ich mich sehr genau vor und besorgte mit auch Literatur über den Motorradrennsport. Dabei stieß ich auf den *Kniff mit dem Knie.* Dieses Buch begeisterte mich und vermittelte mir Erfahrungen, die mir halfen, in meiner ersten Saison gleich ganz weit nach vorn mitzufahren. Zwei Jahre später startete ich dann in der 125 cm^3-Klasse in der Deutschen Meisterschaft und kam in meinem ersten Jahr gleich auf den siebten Platz.

7

Einige Zeit und einen Weltmeistertitel später begeistert mich dieses Buch immer noch, vor allem deshalb, weil es jungen Fahrern neben dem Können auch lebenswichtige Einsichten vermittelt und zwar die, daß er zwischen Sport und der Verkehrsteilnahme mit dem Motorrad klar unterscheiden sollte. Fahren im Grenzbereich ist nur im Schonraum möglich, also auf der Moto Cross-Strecke oder abgesperrtem Gelände oder Straßenpassagen.

Als ich den Autor 1995 zufällig an einem geschichtsträchtigen Ort, nämlich im Mercedes Benz Museum vor dem ersten Motorrad der Welt traf, bat er mich, nachdem er gehört hatte, wie ich zum Rennsport gekommen war und daß sein Buch dabei eine nicht unerhebliche Rolle gespielt hatte, ein Vorwort zur überarbeiteten Fassung zu schreiben. Dem bin ich gerne und aus Überzeugung nachgekommen.

Jeder Motorradfahrer und nicht nur der angehende Rennfahrer kann von dem reichen Erfahrungsschatz profitieren, der durch dieses Buch vermittelt wird. Dabei sollte es keiner nur bei der Theorie belassen. Aber auch hier finden sich bei der Lektüre Anregungen, wie und wo der richtige Umgang mit dem Zweirad erfahren werden kann.

Viel Spaß bei der Lektüre und auf zwei Rädern wünscht Ihnen

Dirk Raudies

Vorwort des Autors

Sieger und Verlierer

Auf die Frage, was ein guter Gerätetaucher sei, erhielt ich einmal die Antwort: »Ein guter Taucher ist ein lebender Taucher«! Gleiches gilt für den Motorradfahrer. Ob nun im Verkehr oder auf der Rennstrecke: Vorrangiges Ziel muß sein, Verletzungen oder gar Schlimmeres zu vermeiden. Glauben Sie nicht das Märchen von den harten Männern, an denen die Stürze spurlos vorübergehen. Unfälle im Rennsport haben mehr Karrieren zerstört als gefördert.
Weitaus schlimmer aber sieht es auf der Straße aus. Jährlich sterben dort hunderte junger Menschen durch Motorradunfälle, mehr als die zehnfache Zahl erleidet schwere Verletzungen mit entsprechenden Folgen (Lähmungen und Verkrüppelungen). Und nicht immer nur sind die Autofahrer schiuld, sehr oft liegt es auch daran, daß der Straßenverkehr mit einer Rennstrecke verwechselt wird, also Fahrmanöver, wie in diesem Buch beschrieben, im Straßenverkehr praktiziert werden, um das Limit von Mensch und Maschine zu erreichen. Andere Verkehrsteilnehmer, die mit solcher Fahrweise nicht rechnen beziehungsweise nicht rechnen *können*, werden zu Unfallverursachern oder sind selbst Opfer.
Deshalb sollte man sich über eines im Klaren sein:
Der *Verkehr* erfordert einen *anderen* Umgang mit dem Motorrad als der *Rennsport*!
Ziel im Verkehr ist ein erfolgreiches und unfallfreies Miteinander, wobei wir immer die Schwächen der anderen vorausahnen sollten. So schnell zu fahren, wie es Fahrer und Maschine zulassen - das

kann man nur auf der Rennstrecke oder ähnlichen Anlagen. Ein ernstzunehmender Motorsportler *muß* sich im Straßenverkehr »ritterlich« benehmen. Das klingt jetzt altmodisch, ist aber brandaktuell: Es gilt, gerade weil er dem durchschnittlichen Straßenverkehrsteilnehmer überlegen ist, mit den Fehlern der Schwächeren, Ängstlichen und Zaudernden zu rechnen und entsprechend defensiv zu fahren. Selbst auf die Gefahr hin, von manchen Unverbesserlichen belächelt zu werden, die das für Schwäche halten, was Ausdruck wirklicher Stärke ist. Ebenso wie es das Ziel eines guten Judo- oder Karatekämpfers ist, dem Kampf mit dem in den meisten Fällen unterlegenen Gegner auszuweichen und die eigene Stärke nur im Turnier unter Gleichwertigen zu demonstrieren, muß auch der Motorsportler auf die Demonstration seines Könnens im Verkehr verzichten.

Wer im *Verkehr* an die Grenzen seiner fahrerischen Möglichkeiten geht, schadet zumeist sich selbst und anderen.

Der gute Motorradsportler muß sich ebenso wie der verantwortungsbewußte Judo- oder Karatekämpfer verhalten, er muß seine Fähigkeiten trainieren und verbessern, darf diese aber nur in der Sport- und nicht in der Verkehrssituation anwenden. Im Verkehr sollte ihm das Wissen um die eigenen Fähigkeiten ermöglichen, auf Provokationen oder Behinderungen anderer souverän zu reagieren.

Der Kneipenschläger verhält sich zum Sportkämpfer wie der Verkehrsrowdy zum Rennfahrer. In beiden Fällen werden eventuell vorhandene Fähigkeiten in Bereichen eingesetzt, wo sie nicht hingehören. Zumeist sind die Betroffenen Schwächere, an denen man sich auslebt.

Motorradfahrer sind, offenbar viel stärker als Autofahrer, Multiplikatoren, »baut einer Mist«, fällt das nicht selten auf die ganze Gruppe der Motorradfahrer zurück. Statements wie »Bikefahrer gefährden den Verkehr« sind oft zu hören. Verhalten Sie sich daher so, daß eine Klimaverbesserung eintritt: seien Sie freundlich, gewähren Sie Vorfahrt, fahren Sie an einer Frau mit Kinderwagen demonstrativ langsam vorbei. Auf diese Weise ernten Sie weit mehr Anerkennung Ihrer Umwelt als durch jegliche Form des »Kavalierstarts«. Und verzichten Sie an ihrer Straßenmaschine auf Racingtöpfe und ähnliche Krawalltüten: »Laut is out«!

Ihr Outfit - Maschine, Lederkombi, Vollvisierhelm - wirkt auf Ihre Mitmenschen schon beeindruckend, wenn nicht gar bedrohlich genug. Das sollte man nicht noch verstärken, Sie wissen ja: Streckensperrungen drohen überall. Wir alle können dazu beitragen, daß es nicht noch mehr werden.

Klassefahrer sind rücksichtsvolle Fahrer!

Wie kann der Straßenfahrer von diesem Buch profitieren?

BANDBREITE DER FAHRTECHNIK

IN %

20 Fahren in der Stadt und in bewohnten Gebieten, demonstrativ langsam und partnerschaftlich. Niedriges Drehzahlniveau, minimale Schräglage und immer bereit, Fußgängern oder anderen Verkehrsteilnehmern Vorrang zu gewähren und/ oder auf deren eventuelles Fehlverhalten zu reagieren.

50 Das Fahren auf der »Polizeilinie«in Verbindung mit reduzierter Schräglage garantiert dem Fahrer einen großen Sicherheitsspielraum. Die Konzentration ist nicht nur auf die eigene Fahrweise gerichtet, sondern auch auf die der anderen Verkehrsteilnehmer, um auch deren Reaktionen und Aktionen in das eigene Fahrkonzept mit einzuplanen.

70 Der Fahrer nutzt nur die Hälfte der Straßenbreite und ist in der Lage, auf Störeinflüsse durch kontrollierte Ausweichmanöver (Hochnehmen und erneutes Abwinkeln der Maschine) zu reagieren. Er widmet einen großen Teil seiner Konzentration der Maschinenbeherrschung, ist aber noch in der Lage, andere Verkehrsteilnehmer in sein Handeln mit einzubeziehen (bewußte Gefahrenkognition und -antizipation).

Nur auf der Rennstrecke möglich!

80 Der Fahrer vermeidet es, bei Fahrzeug und Straße an das Limit zu gehen. Er kann sich neben dem Fahren bedingt auf anderes (Besonderheiten des Streckenverlaufs, Verhalten der Maschine, Drehzahl, welcher Gang usw.) konzentrieren.

90 Das Fahrzeug wird im Grenzbereich gefahren, die Möglichkeiten der Straße werden jedoch nicht voll ausgeschöpft, so daß ein kleiner Sicherheitsspielraum bleibt.

100 Der Fahrer nutzt die Gegebenheiten von Fahrzeug und Straße voll aus. Die Reifen befinden sich an der Haftgrenze (leichtes Stuckern) und die maximale Schräglage wird, unter Berücksichtigung der zu übertragenen Beschleunigungskraft, bis zum Kurvenausgang beibehalten. Die Ideallinie wird konsequent genutzt. Eventuell auftretende Störungen können nur noch schwer durch Fahrmanöver kompensiert werden und führen in den meisten Fällen zum Sturz.

110 Der Fahrer überschreitet bewußt die Grenzen des physikalisch Machbaren. Die Kurvenfahrt entspricht einer Serie von Beinahestürzen, die der Fahrer jeweils gerade noch abfangen kann.

11

Die meisten, die sich für den Motorradrennsport interessieren, fahren nicht selbst Rennen, aber sehr wohl Motorrad auf der Straße. Auch diese Gruppe kann von den fahrphysikalischen Einsichten und Fahrtechniken, wie sie in diesem Buch dargestellt werden, profitieren, wobei an den Anfang die Feststellung gehört:

Motorsport und Verkehr sind zwei getrennte Bereiche. Zwischen ihnen muß der gute Fahrer klar trennen können!

Anforderungsprofil für die Verkehrsteilnahme mit einem motorisirten Zweirad

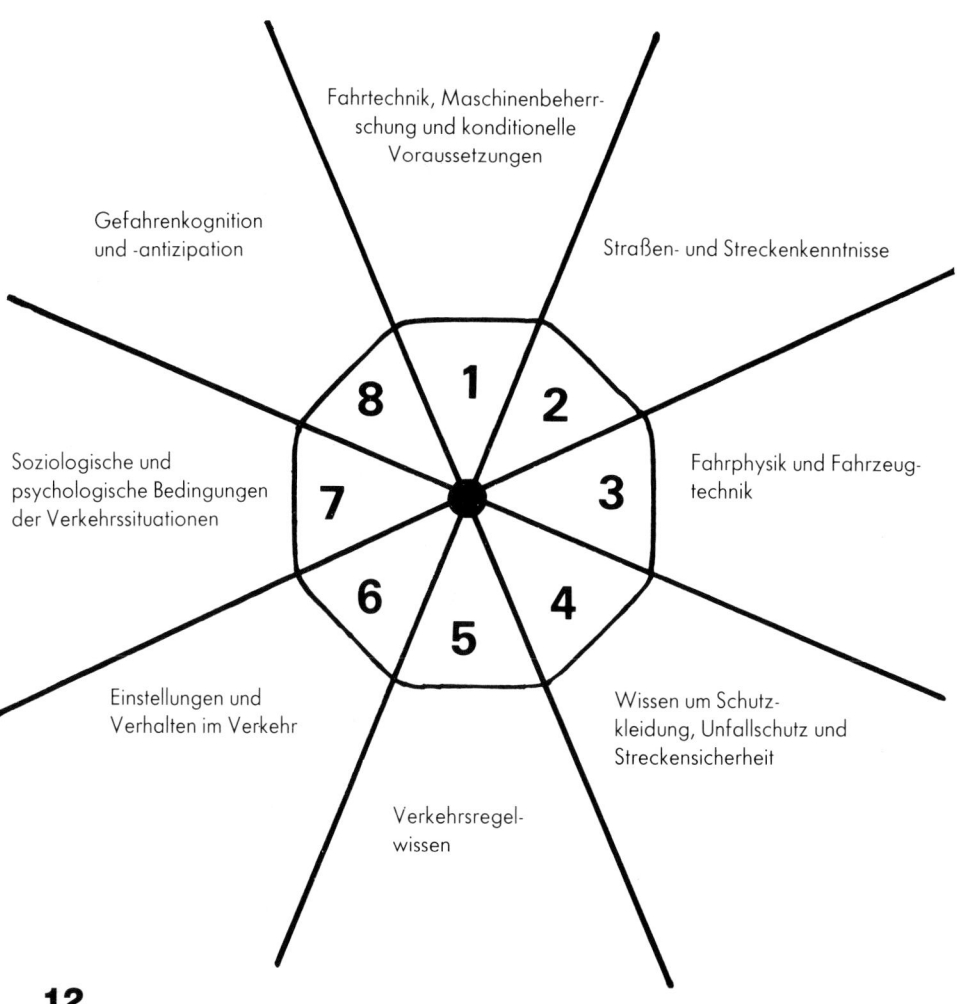

In der Graphik ist das Anforderungsprofil eines im Verkehr teilnehmenden Motorradfahrers dargestellt. Der Rennfahrer benötigt davon nur 50 % (Punkte 1-4). Er kann die restlichen 50 % dazu verwenden, sie in die Optimierung von Punkt 1-4 zu investieren. Ein Straßenfahrer hingegen kann seinen fahrerischen Spielraum nicht voll ausnutzen, ohne die für ihn lebenswichtigen Bereiche von Punkt 5-8 zu vernachlässigen.

Selbst ein Rennfahrer wird auf einer ihm unbekannten Strecke nicht mit 100 % seiner fahrerischen Möglichkeiten fahren, um wieviel weniger also kann dies der Straßenfahrer.

Für die Straße gilt:

Fahre maximal mit etwa 50 % Deiner fahrerischen Möglichkeiten!

Kennt man Strecke und örtliche Gegebenheiten sehr gut, ist die Strecke schon einmal abgefahren worden und die Verkehrsdichte gering, dürfen es auch einmal 70 % sein , - mehr aber nie !

Wilde Rennen

Jeder von uns kennt idyllische, verwinkelte Strecken, und ebenso sicher ist man darauf nicht allein: am Wochenende oder nach Feierabend reiht sich nicht selten Bike an Bike. Manche Motorradfahrer treffen sich dort für Benzingespräche, andere dagegen nutzen die Strecke zu durchaus rennmäßigem Training. Hoch und runter und stets ein bißchen schneller: Das ist aufregend, aber völlig idiotisch, denn auf der gleichen Strecke fahren Vater, Mutter und Kind, Oma und Opa, Tante Liesel mit Freundin und viele andere spazieren. Die wissen natürlich nicht, daß sich hier der »Rastenkratzer e.V.« getroffen hat, um festzustellen, ob der dicke Pohl mit der neuen Suzuki den Franz mit der Yamaha »plattfährt«. Was glauben Sie, wie Tante Frieda zumute ist, wenn ihr rudelweise die Superbikes im Renntempo entgegen kommen? Meist kommt dann auch prompt der Konkurrenzverein »glühendes Endrohr«, die haben alle etwas kleinere Maschinen, dafür lassen sie es dann bergab ordentlich laufen, um das Motormanko auszugleichen. Dann kracht es hundertprozentig. Muß es ja. Aber mit Motorsport hat das ganze nichts zu tun. Und wenn es genügend oft gekracht hat, kommt der Landrat und macht die Strecke für Motorräder dicht. Darum noch einmal:

Zum Sport gehört ein reglementierender Rahmen, der für alle die gleichen Ausgangsbedingungen herstellt. Erst dann ist ein Vergleich möglich.

Natürlich gibt es Gründe und Argumente, die von denen, die solche Strecken rennmäßig befahren oder es versuchen, vorgebracht werden, etwa: Es gibt keine anderen Strecken, wo legal schnell gefahren werden kann; oder: Die vorhandenen Strecken, die es doch gibt, sind viel zu teuer. Beide Argumente sind leider richtig. Es müßte mehr Strecken geben, um sich mit der Maschine relativ gefahrlos und fernab vom Verkehr austoben zu können, ohne daß ein Rutscher so grauenvolle Folgen hat wie oft im Straßenverkehr. Aber es gibt andererseits schon mehr Angebote als die meisten wissen. Wollen Sie mehr als nur Touren fahren, wenden Sie sich an die örtlichen Motorsportclubs und/oder an die großen Verbände (ADAC, DMV). Erkundigen Sie sich dort nach Sportmöglichkeiten und Strecken, die für ein geringes Entgelt befahren werden können. Ein immer breiter werdendes Angebot an Fahrerlehrgängen und Sicherheitstrainings gestattet ebenfalls den Umgang mit dem Fahrzeug im Schonraum. Darüber hinaus gibt es noch die Ausbildung zum ehrenamtlichen »Übungsleiter Motorradsport« des DSB (Deutscher Sportbund). Hier haben Sie Gelegenheit, Kontakt zu allen wichtigen Motorradsportdisziplinen zu bekommen.

1. Straße (Motorrad-Sicherheitstraining)
2. Bahn/Motoball
3. Moto-Cross
4. Trial

Kontakte geknüpft werden und Gelder für Sportprojekte beschafft werden können. Die Hälfte der Teilnehmergebühren trägt der ADAC/DMV, sofern Sie in einem der beiden Mitglied sind.

I. Lizenzpflichtige Sportarten

1. Motorrad-Straßenrennen
a) Rundstreckenrennen a) Moto-Cross
b) Bergrennen b) Speed-Cross
2. Bahnrennen
a) Sandbahn
b) Speedway
c) Grasbahn
d) Eis-Speedway
3. Cross
4. Motorrad-Enduro-Sport
5. Motorrad-Rallye-Sport
6. Motoball
7. Trial

14

II. Lizenzfreie Sportarten

1. Motorrad-Slalom
2. Skijörning
3. Motorrad-Turnier
4. Motorrad-Veteranensport
5. Clubtrial und Jugendtrial
6. Touristische Rallyes nach FIM-Muster
7. Sternfahrten
8. Zielfahrten
9. Orientierungsfahrten
10. Beschleunigungsrennen (werden lizenzmäßig nicht von der OMK erfaßt)

Einleitung

Erfolge bei Motorradrennen sind Erfolge von Mensch *und* Maschine. Wie die Anteile am Erfolg verteilt sind, darüber streiten selbst die Experten.

In der Zeit, als Giacomo Agostini die beiden großen Soloklassen mit den Dreizylinder MV Agustas dominierte, stellte ich mich bei einem Rennen in Hockenheim an die lange Gerade, die an die Ostkurve anschließt, um Ago und seine MV aus nächster Nähe erleben zu können. Damals tauchten im Rudel der englischen Ein- und italienischen Zweizylinder Maschinen erstmals zwei von der Papierform ernstzunehmende Konkurrenten auf: die neue Dreizylinder-Zweitakt-Kawasaki, vom Neuseeländer Molloy gefahren, und die Urs, jene von Helmut Fath gebaute Viertakt-Vierzylindermaschine, die man dem beinahe fünfzigjährigen Karl Hoppe anvertraut hatte. Nach einiger Zeit donnerte Molloy im Training vorbei. Eng an die Verkleidung der giftgrünen Kawasaki geduckt, schoß Molloy die Gerade herunter, dahinter, und das verschlug mir die Sprache, Agostini aufrecht auf seiner 500 cm^3 MV sitzend, dabei hatte er noch Muße, seine Brille mit einem kleinen Schwamm zu reinigen. Agostini gewann damals auch das Rennen, wobei er das ganze Feld, mit Ausnahme von Karl Hoppe, überrundete und neuen Rundenrekord fuhr. Molloy fiel aus.

Damals verwechselte ich Ursache und Wirkung und hielt den Italiener aufgrund des überlegenen Maschinenmaterials für so schnell. Die nachfolgenden Jahre, als Agostini mit Bergamonti, Pagani und Read im Team fuhr, sowie seine Zeit bei Yamaha bewiesen jedoch seine überragenden fahrerischen Qualitäten. 1974 konnte ich beim Grand Prix von Spanien im Montjuich-Park Agostinis Fahrkunst aus nächster Nähe bewundern: Im Verlauf des 350 cm^3 Rennens überrundete er mich. Ich war so beeindruckt, daß ich bei dem Versuch, ihm zu folgen, ganz die defekte Vorderradbremse vergaß und mit blockierendem Hinterrad fast in die Strohballen gefahren wäre. Das Rennen gewann damals Palomo auf seiner Yamaha; ich wurde Elfter.

Nicht zuletzt diese Erfahrung bestätigte mir, daß es im Gespann Mensch-Maschine vor allem auf den Fahrer ankommt (sofern er einigermaßen konkurrenzfähiges Material unter dem Hintern hat).

16

1894 Paris–Rouen, 126 km langes Rennen für »nicht von Pferden, sondern mit mechanischem Vortrieb ausgestattete Fahrzeuge«.

1898 1. Motorradrennen auf der Radrennbahn im Sportpark Berlin-Friedenau.

1899 ›Exelbergrennen‹ bei Wien.

1902 Paris–Wien (Rennen für motorgetriebene Fahrzeuge aller Art).

1903 1. Motorradbahnrennen in Paris auf der Prinzen-park-Radrennbahn, Mailand–Genua und Paris–Madrid.

1904 ›Coup Internationale‹, Länderkampf, 1. Rundstreckenrennen mit Boxen (in Frankreich, Schnitt 72 km/h), FIMC-Gründung in Patzau.

1905 ›Großer Preis von Europa‹ in Paris.

1906 ›Großer Preis von Europa‹ in Paris.

1907 ›Großer Preis von Europa‹ in Österreich, 1. TT auf der Isle of Man.

1909 1. Absoluter Geschwindigkeitsweltrekord für Motorräder.

1911 1. Sandbahnrennen in Baden bei Wien, 1. Scottish Six Days Trial.

1912 FIMC-Wiedergründung in London mit Sitz in Genf.

1913 1. ›Six Days‹, damals noch mit Straßenmaschinen.

1. Weltkrieg (1914–18)

1920 Steilhangfahrten im Gelände, Trennung der AMA von der FIMC.

1923 Beginn des Dirt-Track (Speedway) in Australien (in Neusüdwales).

1924 Beginn der Europameisterschaftsläufe. Jeweils ein Land erhielt das Prädikat ›Großer Preis von Europa‹.

1928 Über England entwickelt sich Speedway zu einer weltweit attraktiven Sportart.

1929 1. Speedwaybahnen in Deutschland.

1930 Grasbahnrennen auf dem Bergring von Teterow in Mecklenburg (2 km Länge), Vorläufer des Moto Cross-Sports.

1936 1. von der FIM ausgeschriebene Speedway-WM, FIM-Ralley ›Coupé d'Endurance‹.

1937 Erster Europameisterschaftslauf für Sandbahnfahrer in Prag.

1938 Letzter Europameisterschaftslauf für Motorräder.

2. Weltkrieg (1939–45)

17

1947 1. ›Moto Cross der Nationen‹, mit dem sich der Moto Cross-Sport international etabliert.

1949 Beginn der Motorrad-Weltmeisterschaft in den Klassen 125 cm³, 250 cm³, 350 cm³, 500 cm³ und Seitenwagen mit 500 cm³.

1950 Geoff Duke ist einer der ersten mit einteiligem Lederanzug. Als Werksfahrer im Norton-Team fährt er mit der Federbett-Norton mit für die damalige Zeit extremen Schräglagen.

1952 1. Moto Cross-Europameisterschaft in der Klasse bis 500 cm³.

1953 Ray Amm fährt im TT-Training einen Norton-Kneeler.

1954 1. Moto Cross-Europameisterschaft in der Klasse bis 250 cm³.
1. WM für 500 cm³ Moto Cross-Maschinen.
1. ›Henry Groutars-Rennen‹, eine Trial-Veranstaltung für Nationalmannschaften.

1958 John Surtees fährt als einer der ersten die MV Agusta mit Gewichtsverlagerung (Knie und Oberkörper nach außen verlagert).
Gründung der englischen Sprint-Vereinigung (Drag races).

1959 1. Deutsche Trialmeisterschaft in den Klassen bis 100 cm³, bis 200 cm³ und über 200 cm³.

1962 1. WM der Klasse bis 50 cm³.

1963 1. Europameisterschaft im Eisspeedway.
1. Moto Cross-WM für Maschinen bis 250 cm³.

1966 Renzo Pasolini praktiziert als Erster das extreme ›Hanging off‹ auf einer Einzylinder-Aermacchi.
1. Eisspeedway-WM.

1968 1. Gelände-Europameisterschaft.

1970 Zwei weitere Vertreter des ›hanging off‹ tauchen mit Jarno Saarinen und Paul Smart auf.
Die AMA tritt bei FIM bei.

1974 Kenny Roberts fährt beim WM-Lauf in Assen in der Klasse bis 250 cm³ erstmals in Europa mit dem Knie am Boden.

1975 1. Trial-Weltmeisterschaft.

1981 Europameisterschaft für Straßenrennfahrer in den Klassen 80 cm³, 250 cm³, 500 cm³ und Seitenwagen.

Doch was macht den schnellen Mann schnell?
Mit dem Aufkommen von Motorrädern entwickelten sich auch Fahrtechniken, um sich so nahe
wie möglich am physikalisch Machbaren zu
bewegen. Die Fahrtechniken entwickelten
sich, wenn auch weitgehend unbeobachtet,
parallel zur Technik der Maschinen, doch
war damals ein Erfolg eher durch technische Weiterentwicklungen als durch die
Verbesserung der Fahrtechnik zu
erwarten. Dieses Verhältnis sollte sich
im Lauf der Jahrzehnte verschieben.
Die riemengetriebene Matchless
von Charlie Collier von 1911 hatte
noch keine Bremsen, die Norton
von Jimmy Guthrie hatte 1935
noch einen Starrahmen mit

Technische Entwicklung der Rennmaschinen

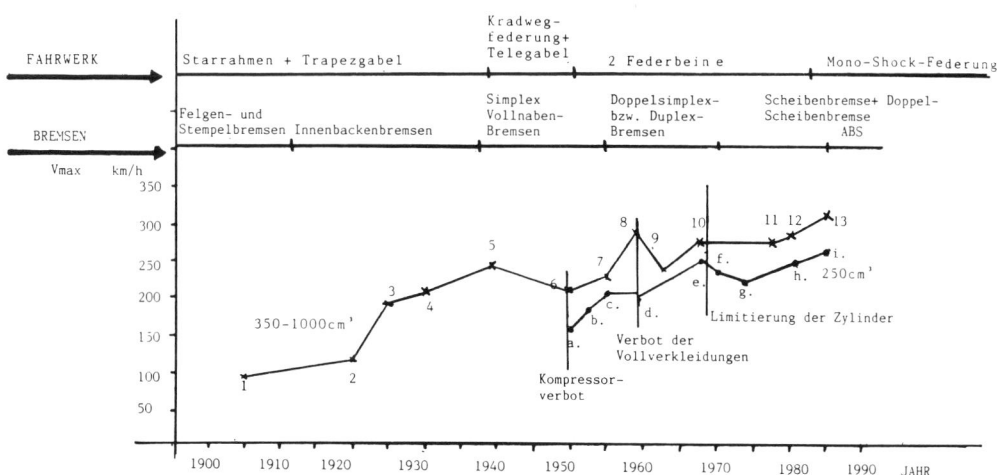

*Als Kriterium wurde die Höchstgeschwindigkeit (V/max) gewählt. Die obere
Kurve bezieht sich in der Hauptsache auf Maschinen mit 500 cm^3, in Ausnahmen
wurde auch eine Maschine mit 350 cm^3 und 1000 cm^3 genommen. Die untere
Kurve bezieht sich auf Maschinen mit 250 cm^3.

19

Trapez-Vorderradgabel, und die ruhmreichen MV Augusta Vier- und Dreizylinder-Maschinen, auf denen Surtees, Hailwood und Agostini siegten, hatten zwei Federbeine und für heutige Verhältnisse dürftige Trommelbremsen. Je perfekter aber die Maschinen wurden, desto größer wurde der Anteil des Fahrers am Erfolg. Ist der Faktor Technik auf einem kaum noch zu verbessernden Niveau, wird der Faktor Mensch entscheidend.

Bestes Beispiel ist die Entwicklung der Bremstechnik. Ich selbst erlebte noch den Wechsel von den großen Doppelduplex-Trommelbremsen an den damals auch schon 260 km/h schnellen Yamahas zur Scheibenbremse. Die mögliche Bremsleistung und das Fading waren mit der Scheibenbremse vom technischen Aspekt her kein Thema mehr. Das Bremsvermögen hing nun in erster Linie von Fahrkönnen und Reifenhaftung ab. Heute schon befindet sich jede neue Straßenmaschine auf einem technischen Niveau, das weit über dem früherer Rennmaschinen liegt. 1986 fuhr der TT-Sieger der Klasse Viertakter bis 1500 cm^3 mit einer Suzuki GSX-R 1100 die schnellste Runde mit 182,24 km/h, wohlgemerkt mit einem Serienmotorrad mit Serienbereifung. Agostini zum Vergleich fuhr 1968 auf der Dreizylinder-MV Agusta mit 500 cm^3 und einer Leistung von ca. 80 PS eine Runde mit 167,85 km/h (104,91 mph)

Im Jahr 1968 wurde der Italiener mit der MV überlegen Weltmeister und siegte bei allen Grand Prix. Wie schnell die MV tatsächlich war, verdeutlicht die Tatsache, daß Agostini in Spa mit einem Schnitt von 208,54 km/h den schnellsten jemals auf einer Rundstrecke gefahrenen Durchschnitt erreichte (den alten Rekord hielt Bob Mc Intyre auf dem alten Hockenheimring mit seinen nur zwei Kurven).

Maschinen mit 350 cm^3 bis 1000 cm^3 Hubraum

1.	1905	Einzylindermaschine ca. 80 km/h
2.	1920	Norton 120 km/h
3.	1924	1000 cm^3 Brough Superior 191,5 km/h
4.	1929	BMW 500 cm^3-Kompressor 214,4 km/h
5.	1939	Gilera Rondine Vierzylinder-Kompressor und BMW 500 cm^3-Kompressor, beide 240 km/h
6.	1949	Velocette KTT 208 km/h
7.	1954	DKW 350 cm^3 232 km/h
8.	1957	Moto Guzzi 500 cm^3-Achtzylinder ca. 280 km/h
9.	1962	MV Augusta 500 cm^3-Vierzylinder ca. 220 km/h
10.	1967	Honda-Sechszylinder 500 cm^3 ca. 250 km/h
11.	1977	Yamaha 500 cm^3-Vierzylinder 260 km/h
12.	1980	Yamaha TZ 750 268 km/h
13.	1984	Honda RS 500 R ca. 300 km/h und Yamaha Y2R 500 über 300 km/h

Maschinen mit 250 cm³ Hubraum

a) 1949   Moto Guzzi Gambalunghino 163,2 km/h
b) 1954   NSU 250 185 km/h
c) 1955   NSU 250 Vollverkleidung 215 km/h
d) 1959   MZ 250 ca. 205 km/h
e) 1968   Yamaha RG 250 250 km/h
f) 1970   Yamaha TD 2 215 km/h
g) 1974   Yamaha TZ 250 ca. 230 km/h
h) 1981   Kawasaki KR 250 ca. 252 km/h
i) 1985   Honda NSR 250 ca. 260 km/h

Die Aufgliederung der verschiedenen Motorsportarten

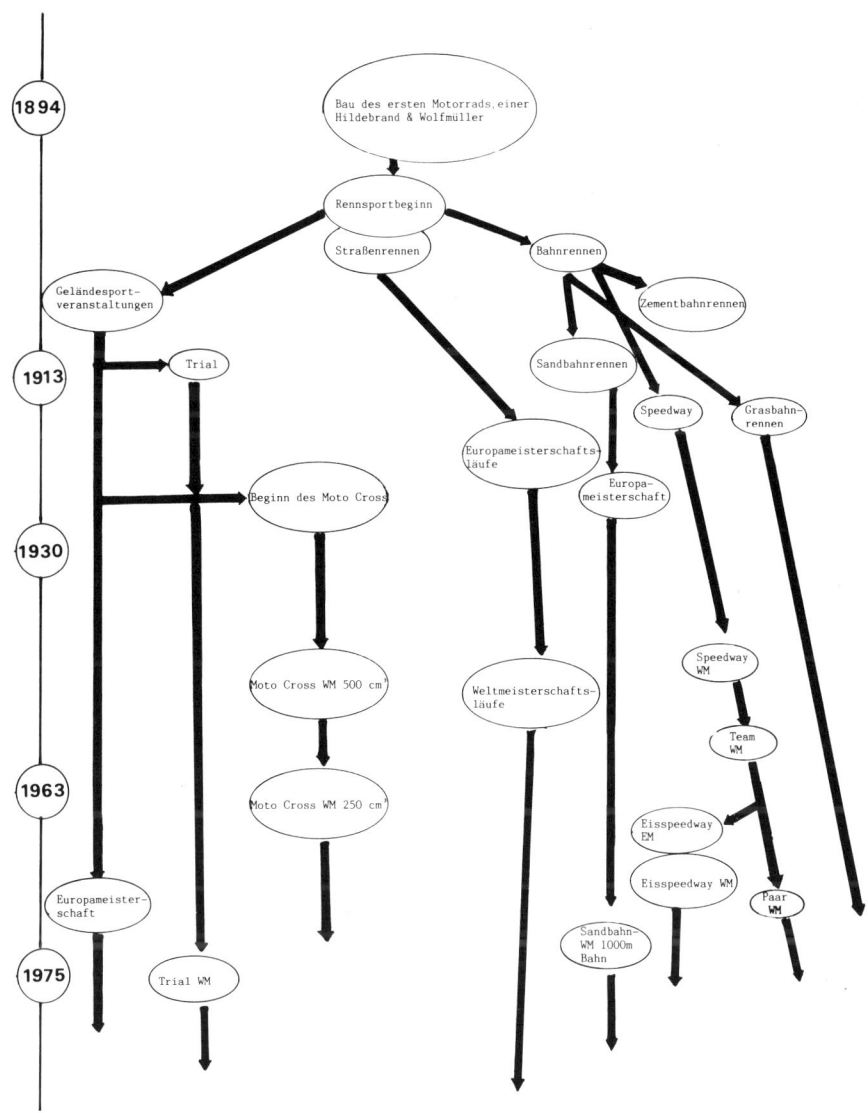

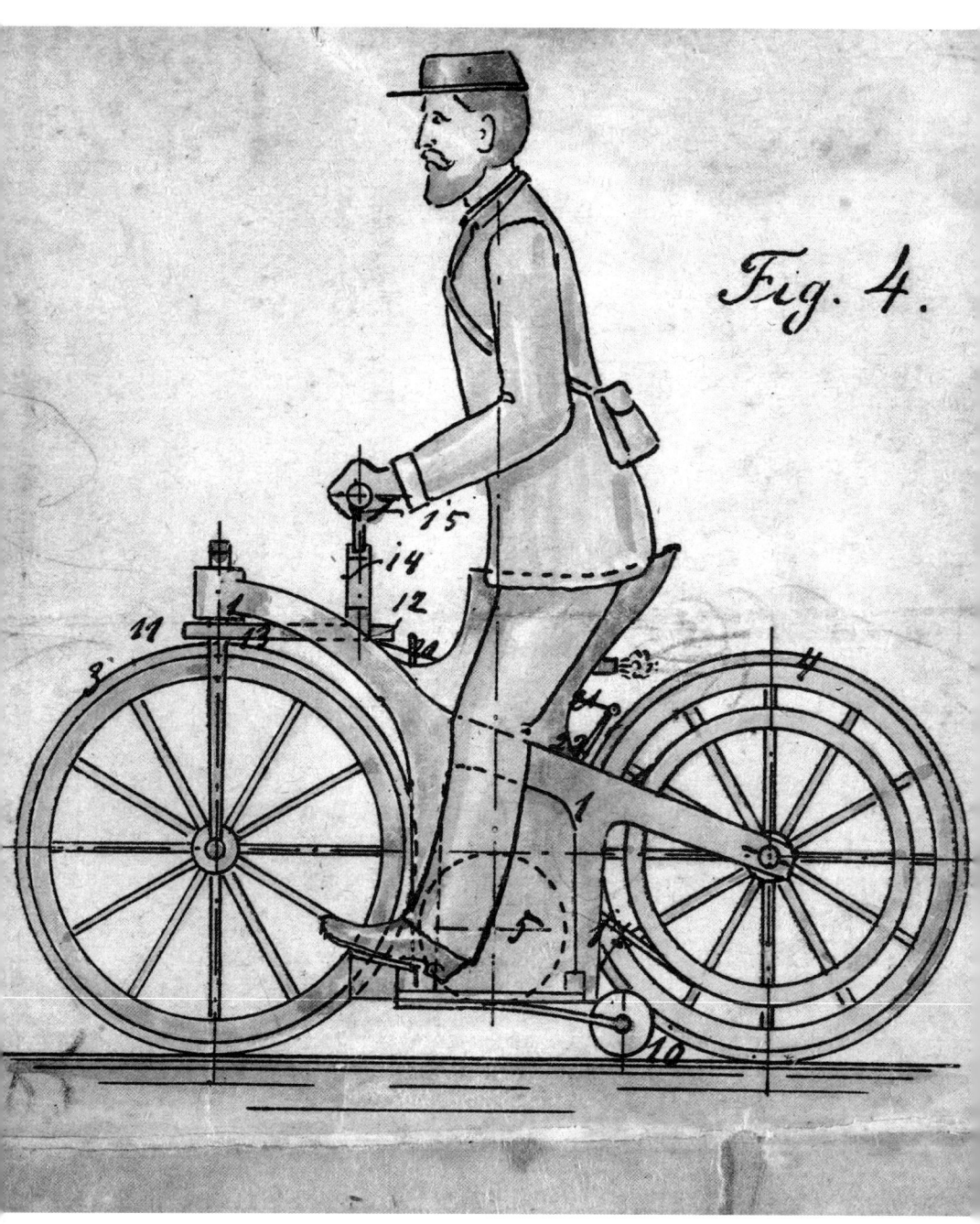

Fig. 4.

Aufrecht wie ein Herrenreiter. Die Sitzposition auf dem Daimler Reitrad 1886, an eine Kurvenlage war damals nicht zu denken.

II.Historische Entwicklung der Fahrtechniken im Motorradrennsport

Als Gottlieb Daimler und Wilhelm Maybach 1886 die ersten Probefahrten mit dem Reitrad rund um Cannstatt durchführten, war Schräglage noch kein Thema. Keiner der Beiden konnte Fahrrad fahren und so montierten sie an ihrem Zweirad Stützräder. Aber auch ohne diese hätten die eisenbeschlagenen Holzräder kaum den nötigen Grip für Schrägfahrt geliefert. Das erste Motorrad der Welt, die Hildebrand und Wolfmüller mit Glührohrzündung, kam dann ohne Stützräder aus: Schräglagen und damit auch der Rennsport waren möglich. Schon 1897 fand ein Rennen zwischen einem Radfahrer und einem Motorrad statt, bei dem der Radfahrer mit einem Stundenmittel von 48,8 km/h siegte. Wann und wo das erste Motorradrennen stattfand, ist umstritten; die Experten diskutieren, ob es das Exelbergrennen vor den Toren Wiens am 21. Mai 1899 war, oder ob es nicht bereits 1898 zu einem Rennen auf der Radrennbahn im Sportpark Berlin-Friedenau kam. Wie dem auch sei: Schon bald nach der Jahrhundertwende gab es Motorsport in verschiedenen Spielarten. Es gab Langstrek-

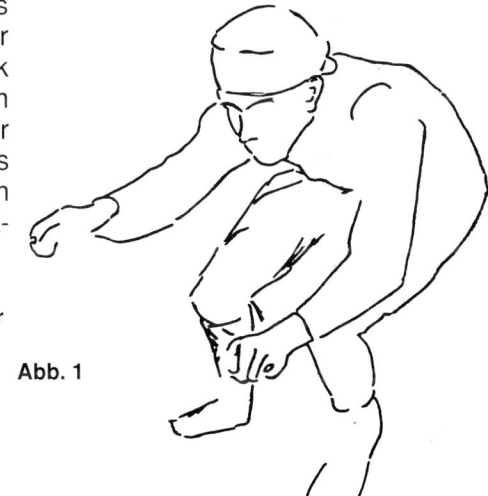

Bei den Ausführungen zur Haltung der Fahrer wird bei den meisten Zeichnungen auf die Darstellung der Maschine verzichtet, um die Fahrer-haltung besser hervorzuheben   Abb. 1

kenrennen, die zumeist von einer Stadt zur anderen verliefen, wie beispielsweise Paris-Madrid oder Paris-Wien, sowie Rundstreckenrennen auf Pferde- oder Radrennbahnen. Der Bahnfahrer damaliger Zeit zeigte schon die typische liegende Fahrhaltung des Straßenrennfahrers unserer Tage (Abb. 1), während bei Rennen über längere Distanzen eine eher tourenmäßige Fahrhaltung eingenommen wurde (Abb. 2). Bei der Entwicklung der Fahrtechniken auf der uns heute vertrauten Straße muß man sich vor Augen halten, in wieviel verschiedene Spezialdisziplinen sich der Motorradrennsport in seiner fast 100-jährigen Entwicklung aufgespalten hat: Straßenrennen, Moto Cross, Geländesport (Enduro), Zementbahnrennen, Sandbahnrennen, Grasbahnrennen, Speedway, Eisspeedway, Trial, Moto Ball, Rekordfahrten, Beschleunigungsrennen (Dag races). Dazu kommen noch Spiel- und Wettkampfformen, die nicht von den nationalen und internationalen Sportbehörden erfaßt werden (wie z.B. Skijöring).

Abb. 2

Für all diese Motorradsportarten standen die Pioniere der ersten Jahre Pate. Viele Fahrtechniken, die heute nur noch in den entsprechenden Motorsportarten Anwendung finden, waren für die Männer der ersten Stunde selbstverständlich.

So die heute nur noch bei Bahnfahrern gebräuchliche Technik, das rutschende und schleudernde Motorrad mit dem über den Boden rutschenden Fuß zu stabilisieren. Diese Fahrtechnik war bei den Rennen auf Staubstraßen üblich. So finden sich bei den Städterennen um die Jahrhundertwende Fahrtechniken, wie sie bei Gelände-, Moto Cross- und Bahnrennfahrern zum Einsatz kommen, während die damaligen Bahnrennen mehr Ähnlichkeit mit den heute üblichen Fahrtechniken bei Straßenrennen aufweisen. Gebremst wurde anfänglich mit dem Fuß, später tauchten die ersten Felgen- und Stempelbremsen auf. In Verbindung mit den Starrahmen und Trapezgabeln, die noch bis Mitte der dreißiger Jahre Standard bleiben sollten, ähnelten Rennen auf schlechten Wegstrecken wohl mehr einem leichten Geländerennen als einem mit heutigen

24

Die Knie am Tank, Oberkörper und Maschine in einer Linie, so durchfährt Heiner Fleischmann auf der Kompressor NSU 500 cm^3 die Kurve (1949).

Perfekte klassische Rennhaltung! Hier demonstriert von Werner Haas, Deutschlands erstem Weltmeister, auf der NSU Rennmax 250 cm^3 (1955).

Maßstäben durchgeführten Straßenrennen. Es gab Handschaltungen und Kupplungen, die mit dem Fuß bedient wurden. Das waren natürlich Faktoren, die sich auf den Fahrstil der Akteure auswirkten.

Der heute als klassisch gepriesene Fahrstil, bei dem Fahrer und Maschine eine Linie bilden entwickelte sich Mitte der zwanziger Jahre und ging einher mit befestigten, asphaltierten Straßen und besseren Fahrwerken. Zu den Vertretern des klassischen Fahrstils gehörten Woods, Guthrie, Fleischmann und vor allem Georg »Schorsch« Meier. Ernst »Klacks« Leverkus, seit den 50ern einer der bekanntesten deutschen Motorradjournalisten, schwärmte von Meiers Fahrstil: » Wie seinerzeit Georg Meier mit der nicht leichten Kompressor-BMW umging, und wie der um die Ecken ging. Das war der >klassische< und saubere Fahrstil. Und der Schorsch war unheimlich schnell in den Ecken - wobei seine Knie aber immer am Tank blieben. Der ganze Mann strahlte jene unbeirrbare Konzentration aus, die einem guten Fahrer Ruhe und Sicherheit und Schnelligkeit gibt«.

Diesen Fahrstil perfektionierte in den fünfziger Jahren ein Mann, der Englands Motorrad-Idol war: Geoffrey Duke. Als Norton-Werksfahrer war Duke der Erste, der mit einteiliger Lederkombi für damalige Verhältnisse unerhörten Schräglagen hinzauberte. Zeitgenossen sagten über ihn: »Ein Könner und Fahrästhet, wie er alle heilige Zeiten nur einmal geboren wird«. Es galt auf dem Motorrad zu sitzen als ob Fahrer und Maschine aus einem Guß wären.

Als Duke von Norton zu Gilera wechselte, trat Ray Amm die Nachfolge an; ihm wäre es bei glücklicherem Ausgang des Experiments wohl vergönnt gewesen, eine ganz neue Art des Solomaschinenfahrens einzuleiten. Im Bestreben, den italienischen Mehrzylindermaschinen Paroli zu bieten, kamen die Nortontechniker auf den Gedanken, die Aerodynamik des Motorrads dadurch zu verbessern, daß sie den Fahrer knien ließen. So entstand der erste und wohl einzige Solokneeler für Straßenrennen. Der Fahrer kniete nun wie eingegossen auf der Maschine und hatte kaum noch Bewegungsmöglichkeiten. Ein so abenteuerliches Unterfangen, daß Ray Amm die Maschine nach dem TT-Training wieder wegstellte und auf eine konventionelle Norton stieg. Der Kneeler kam zwar noch bei Rekordfahrten, doch nie bei Rennen zum Einsatz.

Mitte der fünfziger Jahre begann dann jene von den Experten verurteilte Unsitte, das Kurvenfahren mit herausgestelltem Knie: »Schlenkerbein«, »Bammelbeinstil« oder »Beinchen-bieg-dich-Stil«, so lauteten die abfälligen Kommentare. Und »Klacks« verstieg sich gar zu dem Urteil, »... daß diese Fahrhaltung (von Fahrstil kann man da bestimmt nicht reden!) in den Geschwindigkeitsbereichen und auf den Straßen, in und auf denen wir uns mit unseren >normalen< Motorrädern bewegen, gar nichts bringt«. Hier aber irrte der ansonsten so treffsichere und fachkundige Leverkus erheblich. Der Fahrstil, den die Amerikaner so salopp und nur schwer zu übersetzen mit >hanging off< bezeichnen, trat alsbald seinen Siegeszug an und gehört heute zum Repertoire eines jeden Amateur-Rennfahrers (Abb. 3).

Das gilt nicht nur für reinrassige Rennmaschinen, sondern auch für Rennen mit serienmäßigen Maschinen, wie sie im Reglement der AMA ausgeschrieben sind. Für Deutschland läßt sich gleiches im Rallye- und Zuverlässigkeitssport beobachten. Selbst ein Spitzenmann der achtziger Jahre wie der Franzose Sarron, der noch zu einem der letzten Vertreter des klassischen Fahrstils zählt, ist bemüht, den Kniff mit dem Knie zu lernen. Das Handbuch für Motorradrennfahrer con Code empfiehlt jedem jungen Rennfahrer das >hanging off< und siedelt es als eine Grundfahr-

Abb. 3
Fahrerhaltung beim
»hanging off«

technik in seinem Lehrprogramm an.

Einer der ersten, der >hanging off< praktiziert hat, war der Finne Jarno Saarinen, Kenny Roberts perfektionierte ihn. Der »Vater« dieses Fahrstils dürfte allerdings der sowohl im Auto als auch auf dem Motorrad zu Weltmeisterehren gekommene Engländer John Surtees gewesen sein. Die neue Fahrerhaltung war vielleicht nicht so ästhetisch, aber effektiv: Surtees war in den Kurven auf seiner MV Agusta deutlich schneller. Er stellte sein Knie nach außen, während er seinen Fuß zumeist dazu nutzte, den Grad der Schräglage zu ertasten. Mike Hailwood war der Fahrer, der das Mit-dem-Fuß-die-Straße-tasten perfektionierte. Seine Stiefel wurden für jedes Rennen neu mit Isolierband präpariert. Dank dieses »Schräglagen-Sensors« konnte man die Maschinen brutaler und schneller bis kurz vor die Grenze des Möglichen umlegen, ohne Gefahr zu laufen, die Reifenhaftung zu überziehen.

Heute ist an die Stelle des Fußes das Knie getreten. Der Fahrer erhält Rückmeldung über die Schräglage von dem den Boden berührenden Knie-eine Fahrtechnik, wie sie beim Eisspeedway

Extremes Fahren auch mit der serienähnlichen Maschine nach dem AMA Reglement (siehe Lenker), wie hier von Merkel, dem amerikanischen Superbikemeister demonstriert.

Das Knie als Fühlerlehre, um die Schräglage zu ertasten.

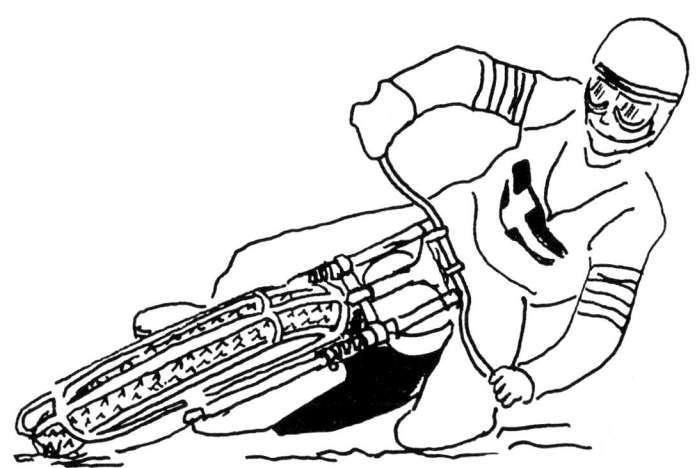

Abb. 4

schon immer üblich war (Abb. 4). Dort hatten die Fahrer einen alten Autoreifen auf dem Knie, der als Dämpfer und Abriebschutz zugleich diente. Bei den Straßenrennfahrern war es zuerst Isolierband, später wurden entsprechend gearbeitete Protektoren verwendet.

Der erste, der schon Mitte der sechziger Jahre die Tiffosi mit seinem Fahrstil, der extremen Gewichtsverlagerung mit herausgestelltem Knie, elektrisierte, war der Italiener Renzo Pasolini, »Das Knie« genannt. Zuerst mit der legendären Einzylinder-Morini, die noch lange Zeit den Mehrzylindermotoren Paroli bieten konnte, später als Benelli-Werksfahrer. 1972 bei einem Rennen »Rund um den Pariser Großmarkt« ließ der Veranstalter Pasolini, obwohl er im ersten Lauf ausgefallen und damit ohne Startberechtigung war, im zweiten Lauf fahren und das nur wegen des verwegenen, überaus publikumswirksamen Fahrstils. Einen entsprechenden Stil pflegte auch der heute kaum noch bekannte Engländer Paul Smart. Er hing förmlich mit dem ganzen Körper neben der Maschine und wie bei Pasolini war auch bei ihm das kurveninnere Knie nur noch wenige Zentimeter vom Asphalt entfernt.

Als erster mit dem Knie auf die Straße kam dann Kenny Roberts; 1974 demonstrierte er auf dem sehr griffigen Straßenbelag der Rennstrecke von Assen sein Können. In einem furiosen Duell, das der Amerikaner sich mit dem Italiener Walter Villa lieferte, schliff sich

Roberts, was auch auf Bildern zu sehen ist, sein Rennleder am Knie auf. Den Zweikampf gegen Villa und dessen Aermacchi/Harley-Davidson verlor er übrigens trotzdem knapp, nachdem er einmal auf das Gras ausweichen mußte.

Beide Fahrstile von der Seite. Der Cagiva-Pilot in der »klassischen« Position...

... der schnelle Moto Guzzi-Fahrer im aktuellen »hanging off«.

Ohne Worte!

Als ich das sah, war ich wie elektrisiert, und am Ende der Rennsaison '74 gelang es mir dann tatsächlich selbst, bei einem Rennen in Spanien mit dem Knie Bodenkontakt zu erzielen. Für mich war das damals wie das Durchbrechen der Schallmauer. Was würde passieren, wenn bei rasantem Tempo das Knie die Straße berührt? Bestand nicht die Gefahr, bei allzu heftigem Aufsetzen aus dem Sattel gerissen zu werden? Doch nichts passierte. Im Gegenteil: Es war ein wunderbares Gefühl, wenn die Straße wie eine streichelnde Hand über das Leder strich. Das gab einem das Gefühl, ganz ohne Motorrad über die Straße zu fliegen. Das >hanging off< mit Bodenberührung ist eines der schönsten Kurvenerlebnisse, das ein Motorradfahrer haben kann. Es erfordert jedoch auch ein gerüttelt Maß an Können und sollte nicht im Straßenverkehr praktiziert werden! Dort ist diese extreme Fahrweise unvernünftig, da sie eine hohe Konzentration und sehr hohe Geschwindigkeiten erfordert.
Auf den Rennstrecken gibt es heute nur noch diesen Fahrstil. Er ist, allen damaligen Unkenrufen zum Trotz, ästhetisch, was viel dazu beiträgt, das heutige Rennen optisch so reizvoll sind.
Wer >hanging off< praktiziert, tut das aus den gleichen Gründen wie damals schon Surtees: die Maschine muß bei gleicher Geschwindigkeit nicht so weit geneigt werden, somit kann früher und stärker beschleunigt werden, und das hat nichts mit den Slickjs zu tun. Schon in der Profilreifenära wurde das Kunststück mit dem Knie

31

praktiziert. Was auch mit der extravaganten Form des Dunlop KR 73/76 Triangular auch nicht möglich gewesen war, nämlich das Knie über den Asphalt streifen zu lassen, wurde durch die Gummimischung des Michelin PZ 2 realisierbar. Neben Michelin und Dunlop bot nun auch der deutsche Hersteller Metzeler Rennreifen für Motorräder an, die aber kurioserweise schlechter waren als die Serienreifen desselben Herstellers (vorne war das der Rille 12 und hinten der Block C5).

Einige deutsche Rennfahrer setzten diese Reifenkombination Anfang der siebziger Jahre auch recht erfolgreich bei Bergrennen ein. Das Geheimnis des Michelins bestand weder in Form noch Profil, sondern in Karkasse und Gummimischung. Bei den 50 cm³ Maschinen gab es noch eine weitere Variante des >hanging off<, bei der der Fahrer nur den Oberkörper in die Kurve neigte, die Beine aber am Tank ließ (Abb. 1).

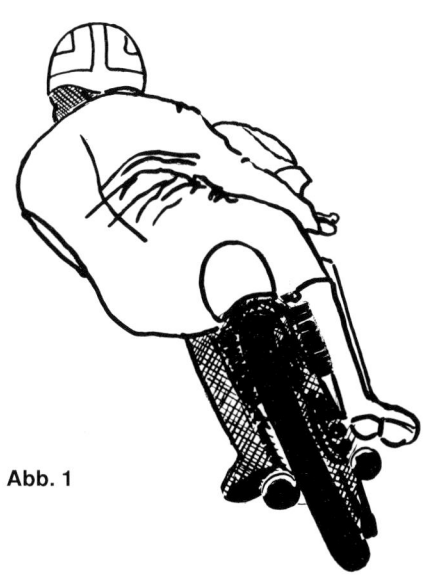

Abb. 1

Er kommt über seine Gespannphase einfach nicht hinweg!

32

Fahrstil und Kurventechnik

Den »ganz sauberen Stil« gibt es beim Motorradfahren nicht, wohl aber gibt es deutliche Unterschiede zwischen dem »klassischen Fahrstil«, dem »hanging off« und dem »Drücken«, womit auch die wesentlichen Fahrtechniken genannt wären. Zumeist überwiegen die einen oder anderen Elemente. So ist selbst bei Schorsch Meier, der als Prototyp des klassischen Fahrstils gilt, bei manchen Aufnahmen eine leichte Tendenz zum Drücken zu beobachten.

Der gute Fahrer sollte alle drei Fahrtechniken, das »Drücken«, den »klassischen Fahrstil« und das »hanging off« beherrschen. Obwohl das »Drücken« der wohl am wenigsten praktizierte Fahrstil sein dürfte, kann er von großem Nutzen sein, etwa wenn in einer Linkskurve ein Fahrzeug entgegenkommt und der Kopf aus der »Schußlinie« gebracht werden muß, denn das zweiradtypische Breiterwerden wird durch diese Fahrtechnik etwas gemildert. Der klassische Fahrstil ist unauffällig, und das »hanging off« macht Spaß. Denken Sie aber daran: im Straßenverkehr braucht man einen Sicherheitsspielraum beim Kurvenfahren, um auf Eventualitäten reagieren zu können!

Beim »Drücken« muß das Fahrzeug am stärksten abgewinkelt werden, beim »hanging off« am wenigsten (siehe Bild 2 + 3). Der klassische Fahrstil liegt in der Mitte (siehe Bild 1) (beim »hanging off« wandert der gemeinsame Schwerpunkt von Motorrad und daher zur Kurveninnenseite, beim »Drücken« zur Kurvenaußenseite).

Da der Grad der Schräglage bei Motorradrennen ein Zeichen für die Kurvengeschwindigkeit des Fahrers ist und man sich natürlich an den Mitfahrern orientiert, ist dieser Zusammenhang von Schräglage und Fahrverhalten nicht unbedeutend. Ich wunderte mich eine Saison lang über die Wahnsinnsschräglagen eines Mitbewerbers, der fast mit den »Ohren auf der Erde« fuhr, und ich versuchte, es ihm gleich zu tun und bekam prompt Schwierigkeiten. Warum? Nun,

33

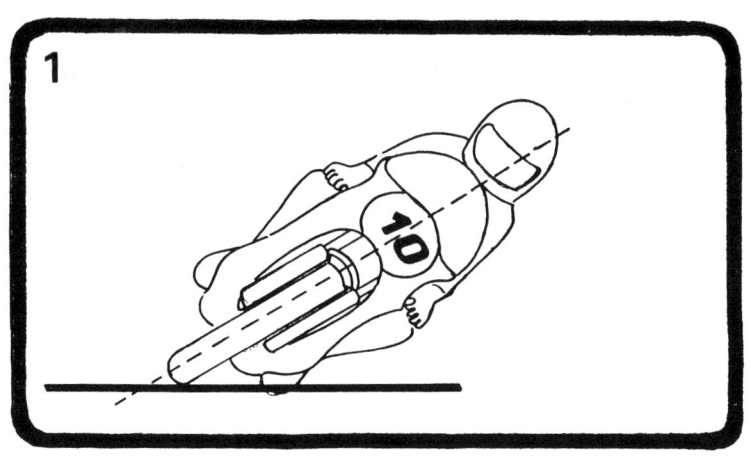

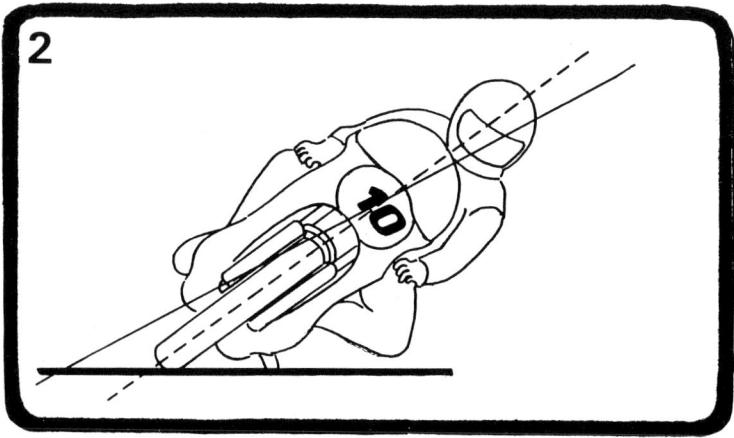

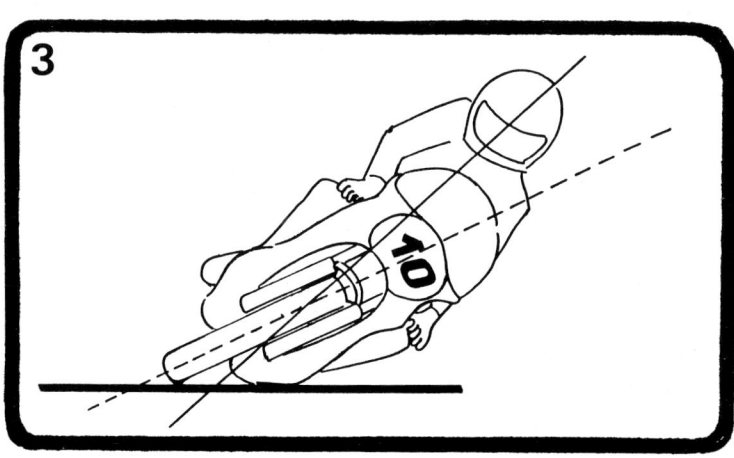

ich fuhr im »hanging off«, der andere aber »klassisch«, fast schon ein wenig die Maschine gedrückt, so daß er das Motorrad bei gleicher Kurvengeschwindigkeit viel weiter abwinkeln mußte, als ich das tat. Heute sieht man den klassischen Fahrstil kaum noch.

Wie gesagt: Drei Fahrtechniken sind möglich. Bis zu Beginn der siebziger Jahre galt als eiserner Grundsatz für Kurvenfahrt: Beide Knie gehören fest an den Tank, Mann und Maschine bilden eine Linie (Abb.1). Während beim klassischen Fahrstil die Knie am Spritfaß anliegen, die Fußspitzen nach vorne zeigen und die Arme leicht angewinkelt sind, handelt es sich beim »Drücken« um eine Fahrtechnik, die eigentlich aus dem Geländesport stammt und auch heute bei jedem Moto Cross zu beobachten ist. Der Oberkörper wird bei dieser Fahrtechnik gerade gehalten (Hüftknick), der kurveninnere Arm gestreckt und der kurvenäußere Arm angewinkelt (Abb. 2, dabei ist m = Neigungswinkel der Maschine und o = Oberkörperneigung des Fahrers). Der Geländefahrer tut ein übriges und streckt das kurveninnere Bein nach vorn, um einen eventuellen Rutscher abfangen zu können.

Vor der Erklärung des »hanging off« dagegen empfiehlt sich noch ein kleiner Ausflug in die Theorie, denn durch das Verlagern des Schwerpunkts muß die Maschine nicht mehr so weit geneigt werden. Bei gleicher Kurvengeschwindigkeit fährt der Fahrer, der »hanging off« praktiziert, mit weniger Schräglage als der, der im klassischen Fahrstil unterwegs ist.

Das ist sicher richtig, wer einen Fahrer allerdings fragt, warum er denn das Knie ausstellt, wird ganz anderes hören, etwa daß man sich so wohler und sicherer auf der Maschine fühlte. Ist durchaus verständlich: Ein Motorrad muß in Schrägfahrt balanciert werden, und die auseinandergestellten Knie haben einen ähnlichen Effekt wie die Balancestange eines Drahtseilartisten: die Trägheit des Systems erhöht sich (Abb. 3). Als »Schräglagenmeßlatte« verwendeten viele Fahrer den Fuß. Die bei Schräglage auf der Fahrbahn schleifende Fußspitze diente als Feedback für den Grad der Schräglage. Da wir nicht über einen eingebauten Kreiselkompaß verfügen, der uns die korrekte Gradzahl unserer Schrägfahrt mitteilt, bedarf es solcher Tricks. Dabei geht es nicht so sehr um die Maximalschräglage als um den Punkt, zu dem der Fahrer die Maschine abrupt abwinkeln kann, ohne das das Hinterrad wegschmiert. Sobald dieser Punkt erreicht ist, wird der Fuß eingezogen und die Schräglage langsam vergrößert.

Heute hat das Knie die Aufgabe des Fußes übernommen. Statt des Fußes bildet nun das Knie den Kontakt zur Straße, und ebenso wie dieser wird auch das Knie nach innen gekippt, um so die Schräglage nochmals beim Durchfahren der Kurve zu vergrößern(Abb. 4). Im

35

Abb. 1

Jahrzehntelang bewährt und in den meisten Situationen noch immer optimal: Der klassische Fahrstil mit den Knien am Tank.

In den fünfziger Jahren bei den Rennfahrern noch sehr beliebt: Das Drücken der Maschine mit geradem Oberlörper und Hüftknick

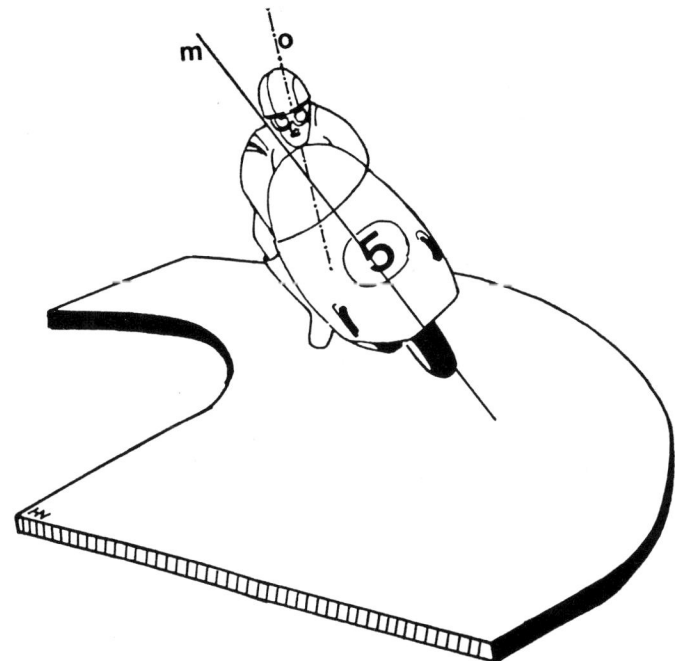

Abb. 2

Abb. 3

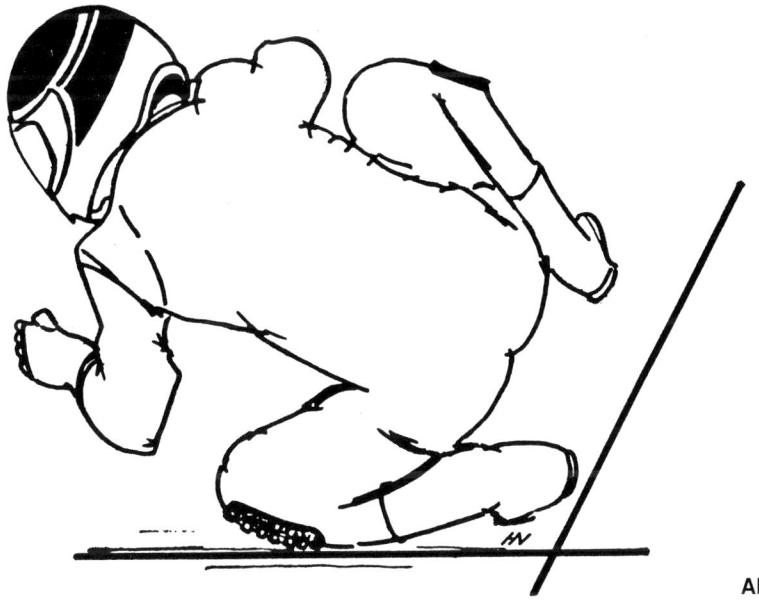

Abb. 4

37

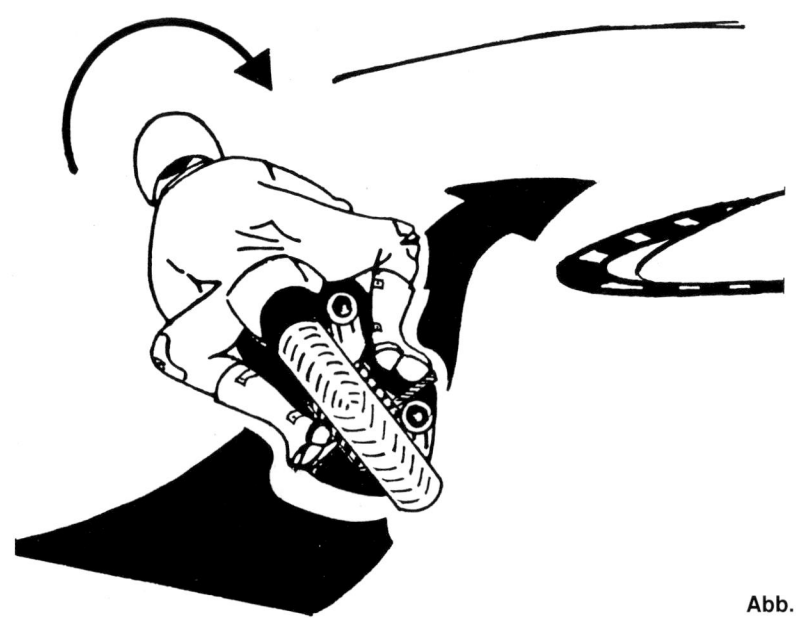

Abb. 5

Straßenverkehr macht dieser Fahrstil natürlich wenig Sinn, dort nämlich verhindert das »hanging off« schnelle Ausweichmanöver. Wir brauchen uns dazu nur einmal anzuschauen, wie ausführlich die Kurvenfahrt von einem Rennfahrer vorbereitet wird. Meist schon während des Abbremsmanövers wird der kurveninnere Fuß mit der Spitze auf die Raste gestellt, während sich der Fahrer nach außen setzt und das Knie als Fühlerlehre ausstreckt. Der kurveninnere Arm ist dabei mehr angewinkelt als der kurvenäußere. Muß eine Kurvenkombination gefahren werden, so erfordert dies einen Stepptanz vom Fahrer. Am Übergang von einer Kurve zur anderen erfolgt ein

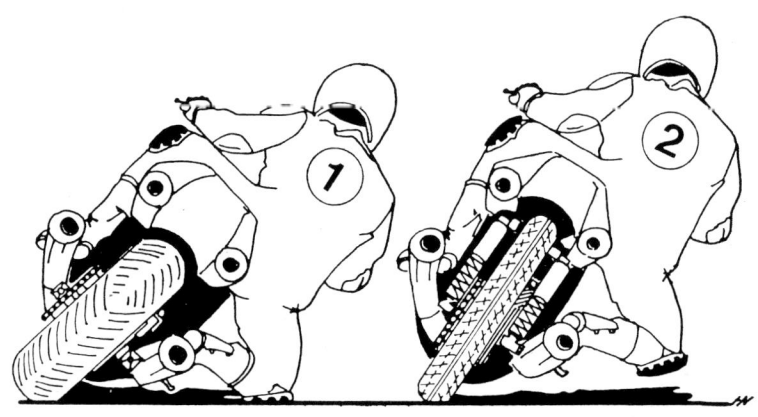

Abb.6

Umsetzen, das, wenn es nicht harmonisch verläuft, fahrwerksseitig für erhebliche Unruhe sorgen kann (Abb. 5).

Deshalb sollte im normalen Verkehr ein unspektakulärer Fahrstil praktiziert werden (also die klassische Fahrerhaltung). Auf wirklich einsamen Sträßchen ist hingegen nichts dagegen einzuwenden, wenn man nicht den Fehler macht, überhaupt zu schnell zu fahren. Eines sollte man jedoch anmerken: Wer mit dem Knie die Straße berührt oder dies fast tut, der ist für den Straßenverkehr zu schnell! Doch zurück zur Rennstrecke. Das Herausstellen des Knies wird, wie gesagt, schon seit Anfang der 60er Jahre praktiziert. Dennoch: seine heutige Ausprägung erfuhr diese Fahrtechnik im Lauf der letzten 15 Jahre; bedingt auch durch technische Veränderung an den Maschinen, wie einem tiefen Schwerpunkt, 16 Zoll-Rädern und überbreiten Reifen. Treffen all diese Faktoren noch zusammen, muß die Maschine, in erster Linie wegen des nach außen wandernden Auflagepunkts des Reifens, mehr geneigt werden als dieselbe Maschine mit konventioneller Fahrwerkstechnik (18 Zoll Räder, schmale Reifen, hoher Schwerpunkt, siehe Abb. 6, Fahrer 2). Bei dieser Abbildung haben beide Fahrer die gleiche Geschwindigkeit und denselben Kurvenkrümmungsradius, dennoch ist die Schräglage aus oben genannten Gründen unterschiedlich.

Bedingt durch die verbesserte Technik auf dem Reifen- und Fahrwerkssektor, erhöhten sich die Kurvengeschwindigkeiten, was

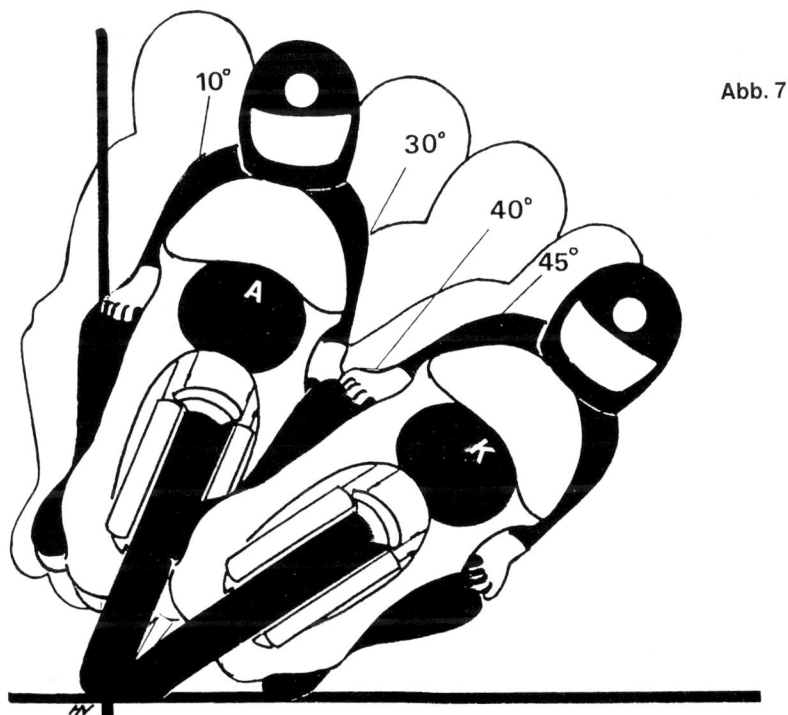

Abb. 7

beim Motorrad gleichbedeutend mit einer Zunahme der Schräglage ist. Die Schräglage, die ein Zweiradfahrer aufzubauen imstande ist, ist gleichzeitig Indikator für sein Fahrkönnen. Ein Anfänger beispielsweise erreicht kaum mehr als 20 Grad Schräglage, darüber hinaus fühlt er sich unwohl. Warum das so ist? Nun, das entspricht der Seitenneigung, die unser Körper hat, wenn wir schnell um die Ecke laufen. Bei mehr fallen wir hin. Das weiß unser innerer Kontrollmechanismus und warnt uns deshalb auch, auf dem Motorrad mehr als jene 20 Grad zu riskieren, obwohl dies gefahrlos möglich wäre. Wir müssen die Fähigkeit, größere Schräglagen zu fahren, erst durch intensives und langdauerndes Training erwerben. Können wir mehr Schräglage fahren, so auch nicht in jeder Situation. Könner fahren in schnellen Kurven genau so viel Schräglage wie in engen Ecken, der nicht so perfekte Fahrer traut sich das nicht. Geht es langsam voran, ist er mutiger, obwohl physikalisch kein Unterschied zwischen der schnellen und der langsamen Kurve besteht. Folge: der Top-Mann holt seine Zeit auf der Rennstrecke vorwiegend in den schnellen Kurven. Traut sich der Beginner nur besagte 20 Grad zu, so sind es bei Könnern heute, auch auf Straßenmaschinen, bis zu 51 Grad (Abb. 7). Damit wir uns richtig verstehen, nicht auf der Straße, sondern im Schonraum oder auf der Rennstrecke!

Auch beim »hanging off« gibt es Unterschiede. Während ein Mann wie Randy Mamola nur noch mit dem Oberschenkel Sitzbankkontakt hat (Abb. 8, Fahrer 1), ist es bei anderen noch die halbe Pobacke (Abb. 8 , Fahrer 2). Je weiter wir uns nach außen begeben, desto problematischer werden Korrekturen.

Abb. 8

Zwei Beispiele einer lehrbuchmäßigen klassischen Fahrerhaltung auf dem Motorrad. Oben: Auch Dieter Braun, zweifacher Weltmeister, fuhr in seinen Anfangsjahren noch »mit dem Knie am Tank«.
Unten: Jack Findlay, ein sportsman par excellance, behielt seinen Fahrstil bis zu seinem Aufsstieg aus dem Rennsport bei.

Vor- und Nachteile der drei Fahrtechniken

1. Der klassische Fahrstil - Fahrhaltung:
Der Fahrer kann mit dem Motorrad eine Kurve durchfahren, indem er
a.)   durch Lenken in die der Kurve entgegengesetzte Richtung die Kurvenfahrt einleitet;
b.)   beide Arme leicht angewinkelt hält;
c.)   den Oberkörper dem Neigungswinkel der Maschine entsprechend in die Kurve legt;
d.)   die Fußspitzen über den Bedienungsarmaturen (Bremse / Schaltung) in Fahrtrichtung läßt.

Die Vorteile:
     durch die sparsamen Bewegungen des Fahrers bleibt die Maschine sehr ruhig
     er ermöglicht einen schnellen Wechsel der Kurvenrichtung (Schwenk von einer Rechts- in eine Linkskurve)

Die Nachteile:
     es müssen große Schräglagen gefahren werden
     die Kurvengeschwindigkeiten sind nicht so hoch
     die wegrutschende Maschine kann bei extremer Schräglage kaum noch stabilisiert werden.

2. Das »hanging off« - Fahrhaltung:
Der Fahrer kann die Kurve mit »hanging off« durchfahren, indem er
a.)   sich mit den Füßen von der Fußraste abdrückt und nach der kurvenzugewandten Seite versetzt
b.)   den kurveninneren Fuß mit der Spitze auf die Raste stellt
c.)   die Beine spreizt, so daß die Kniespitzen nach außen zeigen
d.)   durch Lenken in die der Kurve entgegengesetzte Richtung und/oder Gewichtsverlagerung die Kurvenfahrt einleitet
e.)   den kurveninneren Arm anwinkelt, den kurvenäußeren Arm streckt
f.)   den Oberkörper zur Kurve hin verlagert; die Armhaltung gilt in erster Linie für die auf Rennmaschinen übliche Sitzhaltung (Stummellenker)

Die Vorteile:

die Schräglage muß nicht so groß sein;
die gefahrenen Kurvengeschwindigkeiten sind sehr hoch;
die Gewichtsverlagerung kann als Lenkhilfe dienen;
eine eventuell wegrutschende Maschine kann unter Umständen noch mit dem Knie aufgefangen werden;
das Knie fungiert als »Schräglagenmeßlatte«.

Die Nachteile:

sehr viel Vorbereitungsarbeit vor einer Kurve
bei Wechselkurven muß präzise vorgegangen werden, da sonst das Motorrad sehr unruhig wird
es sind viele Bewegungen nötig, die sich gegebenenfalls auf das Motorrad übertragen

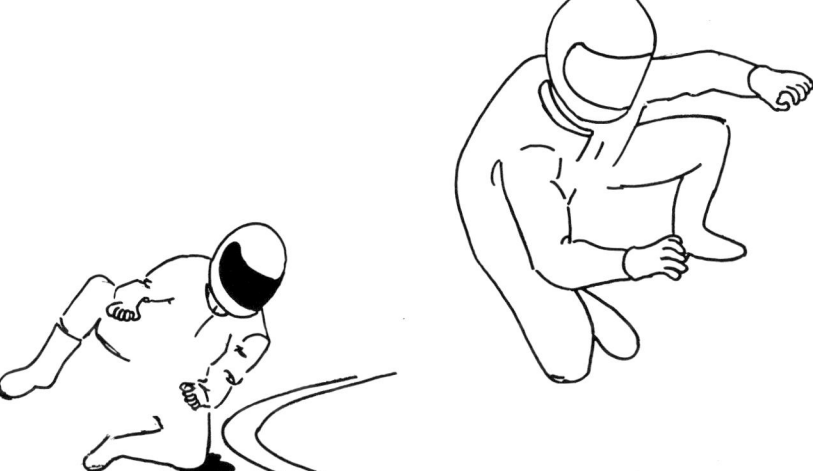

Fahrerhaltung beim »hanging off«

3. Das Drücken - Fahrhaltung:

Die Maschine wird gedrückt, indem der Fahrer
a.) durch Lenken in die der Kurve entgegengesetzte Richtung und/oder durch Gewichtsverlagerung die Kurvenfahrt einleitet
b.) den kurveninneren Arm streckt, den kurvenäußeren Arm anwinkelt
c.) den Oberkörper durch Abknicken in der Hüfte aufrecht läßt
d.) die Maschine in die Kurve drückt

Die Vorteile:

das Einspurfahrzeug wird in der Kurve nicht so breit

43

der Fahrer behält eine gute Übersicht

das Drücken eignet sich gut bei schnellen Richtungswech-
seln und engen Kurven

Die Nachteile:
das Drücken läßt keine hohen Kurvengeschwindigkeiten zu das Motorrad muß sehr stark abgewinkelt
werden

Zur Theorie der Kurve

Die mögliche Kurvengeschwindigkeit eines Zweirads läßt sich rechnerisch bestimmen (Fahrphysik). Dies ist jedoch für einen Rennfahrer von zweifelhafter Bedeutung: in der Praxis bringt es wenig,
wenn man ausrechnen kann, wie schnell es geht; das muß einem
der eigene Hintern ohne großes Nachdenken mitteilen können.
Der Ordnung halber und weil ein Rennfahrer das wissen sollte, hier
die theoretischen Bedingungen für eine Kurvenfahrt: (siehe S. 45)
Bei korrekter Fahrwerksabstimmung sollte zuerst der Hinterradreifen
die Haftung verlieren. Wann der Grenzbereich erreicht ist, wird man
beim Herausbeschleunigen aus der Kurve feststellen; wenn das
Hinterrad ab und zu wegrutscht, dann ist man nahe am Limit. Ohne
Gas äußert sich der Haftungsverlust in leichtem Schütteln oder
Stuckern am Vorder- und/oder Hinterrad. Die Grenze mit einem
Motorrad, ganz gleich ob Straßen- oder Rennmaschine, läßt sich
erst nach längerem Training erreichen! Es gehört, ich wiederhole,
ein gerüttelt Maß an Erfahrung und Können dazu, mit einem Motor-
rad schnell durch eine Kurve zu fahren!
Auf welche Schräglagen kommt ein Hobby- oder Tourenfahrer im
Vergleich zu einem Rennfahrer? Der Instruktor-Leitfaden für das
ADAC-Motorrad-Sicherheitstraining nennt als mögliche Schräglagen
bei Anfängern maximal etwa 17°, nach etwa drei Jahren Fahrpraxis

Die Fliehkraft tritt nach der Beziehung auf:

$$F = m \times \frac{v^2}{r}$$

Die mögliche Geschwindigkeit errechnet sich:

$$V_{max} = \sqrt{R \times g}$$

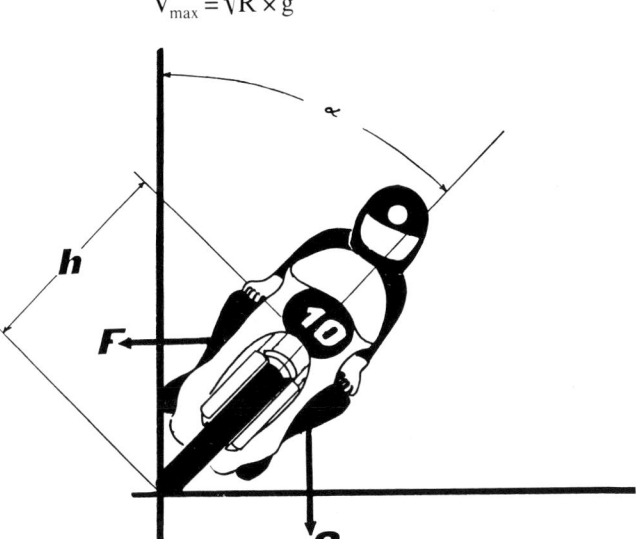

$$V_{max} = \sqrt{R \times g \times \tan \alpha_{max}}$$

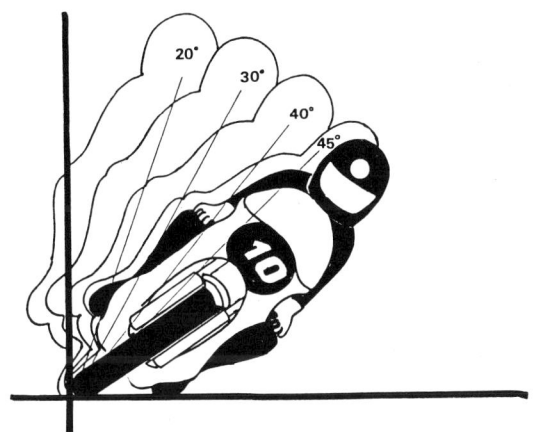

Darstellung der Schräglage von 20° bis 50°

45

Auch beim »hanging off« gibt es noch graduelle Unterschiede. Sarron (oben) ist hier der Vertreter der gemäßigten Form. Die eine Gesäßhälfte befindet sich noch auf der Sitzbank. Extrem Randy Mamola, der neben der Maschine hängt (unten). Auf der Sitzbank befindet sich nur noch der Oberschenkel.

Eine weitere Variante des »hanging off«, die hier der Italiener Gianola (15) gekonnt demonstriert. Der Oberkörper wird geduckt gehalten, was vor allem bei hubraumschwachen Maschinen dazu genutzt wird, um schon während der Beschleunigungsphase aus der Kurve heraus den Luftwiderstand zu verringern. Die Nummer 3 fährt in der heute üblichen Haltung.

Einmal warnt die Fußspitze davon, daß bald das Auspuffrohr Straßenkontakt bekommt (427), im anderen Fall ist es das Knie des Fahrers (50). In beiden Fällen erhält der Fahrer eine taktile Rückmeldung über den Fahrzustand (Rollneigung) der Maschine.

etwa 30° bis 40°. Von sehr erfahrenen und gut trainierten Fahrern werden schon mit einer Straßenmaschine Schräglagen von über 50° erzielt, bei Rennfahrern dürften von einigen heute schon 60° erreicht werden. Der Trend zu größeren Schräglagen wird sich fortsetzen, denn nur so lassen sich immer höhere Kurvengeschwindigkeiten realisieren. In absehbarer Zeit werden wir wohl bei Straßenrennen Schräglagen zu sehen bekommen, wie bislang nur im Eisspeedway möglich. Dann werden nicht nur die Knie, sondern auch die Ellbogen auf dem Asphalt schleifen.

Zur subjektiven Wahrnehmung der Schräglage

Als ich 1971 auf dem kleinen Kurs in Hockenheim mit einer Yamaha R 3 Testfahrten durchführte, bei der die Zeiten um 1,24 sec pendelten, stellten wir bei einem Boxenstop fest, daß die Überwurfmuttern, mit denen die Endschalldämpfer mit den Krümmern verbunden waren, bis auf die Gewindegänge durchgeschliffen waren. Nun bestand die Gefahr, daß der Auspuff auf der ganzen Breite aufsetzte. Da keine neuen zu Hand waren, beschlossen wir, die Überwurfmuttern nach dem Mittagessen weiter zu drehen. Bis heute ist es mir ein Rätsel, warum wir nach dem Essen alles vergessen hatten und ich einfach auf die Maschine stieg und losfuhr. Es waren auch andere trainierende Fahrer da, und bald hatten wir uns in der Wolle. In der Senke der Opelkurve wollte ich meinen Vordermann demonstrativ überholen und schloß mit einem schönen Tempoüberschuß zu ihm auf, als die ganze Sache plötzlich schräger wurde. Ehe ich recht verstand, rutschte ich auf dem Bauch hinter der Yamaha her aus der Kurve. Später stellten wir fest, daß unsere Befürchtung eingetreten war: ich hatte die Maschine förmlich über den Auspuff gehebelt. Da damals noch die Cromwell-Halbschalenhelme in Mode waren, blieb mir als Andenken, neben der verbogenen 350er, auch ein aufgeschabtes Kinn, und die Rasur konnte für mehr als eine Woche entfallen (dabei kam mir mein damals noch recht schwacher Bartwuchs zum Glück entgegen).
Auch technische Veränderungen, die das Fahrverhalten beeinflussen, können den Fahrer verunsichern. So ist eine Kurzschwinge anstelle einer Telegabel gewöhnungsbedürftig, wenn sich das Vorderteil beim Anbremsen einer Kurve hebt statt sich abzusenken. Fahrer von Kettenmaschinen sind nicht schlecht erstaunt, wenn sie zum erstenmal auf einer BMW-Boxermaschine sitzen und das Aufstellmoment des Kardans das Maschinenheck beim Beschleunigen in die Höhe gehen läßt. Erfahrene Gummikuh-Treiber hingegen machen sich dieses Aufstellmoment zunutze, geben in der

Kurve Gas und vergrößern so die mögliche Schräglage.

Die Schräglage physisch zu spüren gehört für Motorradfahrer (und Rennfahrer sowieso) zu den überlebenswichtigen Fähigkeiten. Da der Mensch keinen eingebauten Kreiselkompaß besitzt, der ihn exakt über das Maß der Schräglage informiert, ist er in hohem Maße auf sein Gefühl für den Grad der Schräglage angewiesen. Das Gespür dafür vermitteln am besten:

1. aufsetzende Maschinenteile
2. Ertasten der Straße mit dem Fuß
3. Ertasten der Straße mit dem Knie

Aufsetzende Teile:

Wenn etwas aufsetzt, muß das nicht in jedem Fall negative Auswirkungen auf die Fahrstabilität der Maschine haben. In den meisten Fällen jedoch stellen abstehende Teile, insbesondere wenn sie starr montiert sind, ein Sicherheitsrisiko dar.

So konnte noch bei den Yamaha-Produktions-Racern (250/350 cm^3) Mitte der 70er Jahre die Auspuffbirne sehr wohl bei extremen Schräglagen Straßenkontakt bekommen; sie waren aber federnd aufgehängt, so daß der Auspuff nach innen nachgeben konnte.

Gleiches gilt für klappbare Fußrasten. Klappt die Fußraste zurück und zwar bis zur Reifenhaftgrenze, droht keine Gefahr.

Starre Maschinenteile sind gefährlich. Sie können

1. aufsetzen und die Maschine an diesem Drehpunkt ausheben
2. aufsetzen und sich in Unebenheiten der Piste verhaken.

Ertasten der Straße mit dem Fuß:

Als variable Meßlatte läßt sich auch bei geringer Schräglage, etwa bei Regen oder glatter Fahrbahn, der kurveninnere Fuß einsetzen. Bei den meisten Maschinen, das gilt auch für Rennmaschinen, bekommt der Fuß bei normaler Stellung auf der Fußraste bei ca. 40° Bodenkontakt. Um dies zu verhindern, gibt es zwei Gegenmaßnahmen:

- der Fuß wird nach innen gekippt
- der Fuß wird mit der Fußspitze auf die Fußraste gestellt.

Ebenso wie für die Knie des Fahrers werden für die Stiefel Protektoren hergestellt. Diese sind mit Klettverschlüssen an Stiefel oder Lederkombi befestigt und können ohne größere Umstände ausgewechselt werden. Doch auch heute verwenden die meisten Fahrer Klebeband zum Ausbessern ihrer Stiefel.

Obwohl heute wohl überwiegend das Knie Gradmesser der Schräglage ist, bleibt doch der Fuß bei glatten und rutschigen Bahnen ein

Während sich Dieter Braun nur auf sein Gefühl verläßt und die Fußspitze auf die Fußraste stellt (11), tastet Bill Ivy (8) mit seinem Fuß nach der Straße.

Auch der Autor dieses Buches nutzte die Tastmethode mit dem Fuß, wie sich unschwer an dem umklebten und abgeschliffenen Stiefel feststellen läßt (siehe Pfeil).

**Sind Linkskurven immer noch
Ihre Stärke?**

noch immer aktuelles Hilfsmittel. Da die Schräglagen bei glatter
Bahn haftungsbedingt nur sehr gering sein können, wird der Fuß

     - nach außen gestellt
     - nach unten gehängt,

um auch schon eine Rückmeldung über geringere Schräglagen zu
erhalten. Bei dieser Methode kann der Fahrer die Maschine blitzschnell zum Kontaktpunkt (K), den er mit dem Fuß ausmacht, abwinkeln und vergrößert dann die Schräglage langsam um den Betrag
der Strecke (S) (siehe Abbildung).

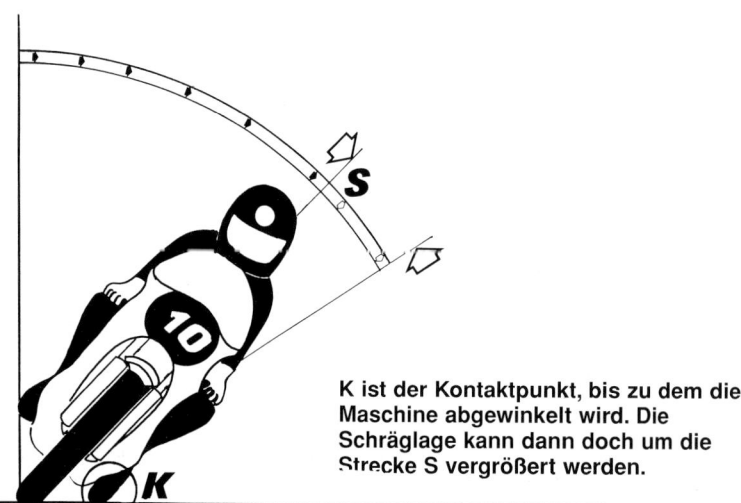

**K ist der Kontaktpunkt, bis zu dem die
Maschine abgewinkelt wird. Die
Schräglage kann dann doch um die
Strecke S vergrößert werden.**

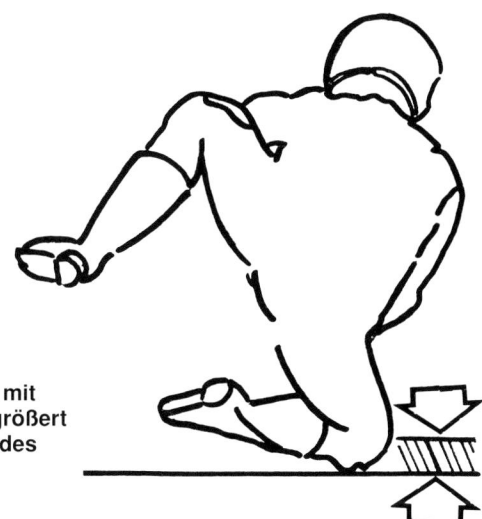

Beim »hanging off« sucht der Fahrer mit
dem Knie den Kontaktpunkt und vergrößert
die Schräglage durch Hereinklappen des
Knies um die Strecke S.

Ertasten der Straße mit dem Knie

Wie der Fuß Gradmesser für die Schräglage ist, kann bei extremer
Fahrweise auch das Knie diese Aufgabe übernehmen. Dabei wird
das Knie extrem abgewinkelt, der Fahrer versetzt sich gegebenenfalls etwas zur Kurvenseite hin. Nach der Bodenberührung klappt
das Knie nach innen, und die Schräglage der Maschine kann vergrößert werden. Neben der Aufgabe als Meßlatte kann eine wegrutschende Maschine durch das Knie des Fahrers abgefangen werden,
ebenso wie bei geringeren Schräglagen mit dem Fuß (die Bahnfahrer haben daraus eine Fahrtechnik gemacht).

Da ein nach außen gestelltes Knie auch den Luftwiderstand erhöht,
läßt sich dadurch Hebelwirkung erzielen. Diese kann die normale

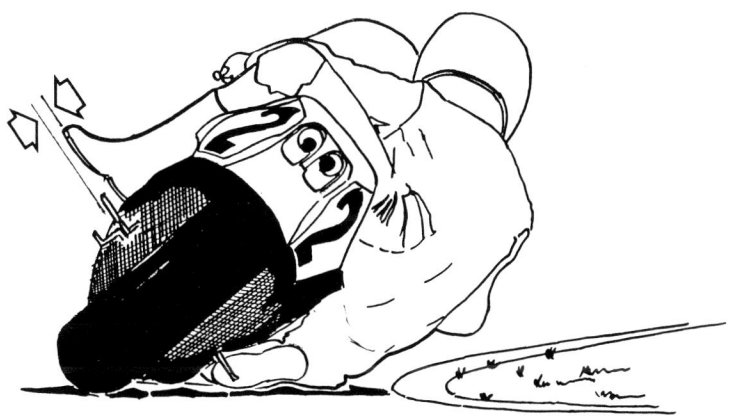

Extremes »hanging off«, bei dem der Fahrer soweit neben der Maschine
hängt, daß der kurvenäußere Fuß keinen Kontakt mehr mit der Fußraste hat.

53

Ertasten der Grenze mit dem Knie. Von hinten aufgenommen Martin Wimmer auf der Werks-Yamaha am Limit. Den kurveninneren Fuß mit der Spitze auf der Raste, das Knie am Boden. Die beiden Superbikepiloten (4 + 2) befinden sich am Kurveneinlauf und haben das Knie als Fühler ausgestreckt.

Steuerbewegung unterstützen, oder aber auch ersetzen (diese Art der Steuerung ist zwar zeitabhängig, d.h. es dauert relativ lange, bis die Maschine auf den Steuerbefehl reagiert und die Richtung verändert, garantiert aber andererseits ein sehr ruhiges Fahrverhalten). Durch diese Fahrtechnik kann bei sehr geringen Geschwindigkeiten oder sehr lang gezogenen Kurven ein dem Zweispurfahrzeug analoges Lenkverhalten erzielt werden (bei geringen Geschwindigkeiten ist eine entsprechende Gewichtsverlagerung mit dem Oberkörper notwendig). In der Praxis kann vor allem bei sehr langgezogenen Kurven, die nicht im Grenzbereich gefahren werden, durch das Herausstellen des Knies Steuerarbeit übernommen werden.

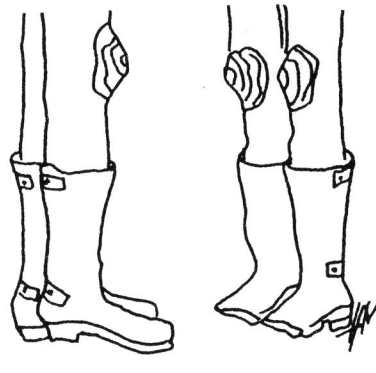

Wissen Sie - ich habe da so einen Trick, Schräglage zu fühlen!

Fahren auf der Geraden

Unsere ersten Motorräder kauften wir bei einem Motorradhändler namens Maier, der seinerseits auch ein begeisterter Motorradfahrer war und an Rennen teilnahm. Durch seine guten Kontakte zu den Importeuren japanischer Maschinen war er immer mit sehr gutem Maschinenmaterial östlicher Provenienz ausgestattet. Zu einer Zeit, da die meisten Ausweisfahrer noch auf liebevoll selbst gebauten Adler-, NSU- oder Bultaco-Maschinen saßen, war er schon mit einer Yamaha TD 1 C unterwegs, die erheblich schneller war als die anderen Maschinen.
So haftete, in unseren Augen, seinen Erfolgen stets der Makel an, mit überlegenem Maschinenmaterial errungen worden zu sein und weniger durch seine fahrerischen Fähigkeiten. Den Vogel schoß er ab, als er in der damals nur mit alten Norton, AJS und BMW besetzten Ausweisklasse bis 500 cm³ mit einer giftgrünen Dreizylinder-Kawasaki auftauchte. Schon das Serienpendant dieser Maschine war schneller als alle Rennmaschinen, die so in der Ausweisklasse liefen. Der Produktionsracer aber war so schnell, daß sogar die Japaner kurzfristig glaubten, Agostini und seiner legendären MV

Augusta gefährlich werden zu können.Entsprechend durchschla-
gend war der Erfolg, den Herr Maier hatte. Wir aber besuchten ihn
in seinem Geschäft, und mit ausgesuchter Bosheit ließen wir so
nebenbei in das von ihm gern geführte Gespräch über seine
Rennerfolge einfließen, es gebe ja schon eine »Surtees bend« und
»Stirling Moss corner« eingedenk der spektakulären Aktionen, die
diese Herren dort vollbracht hätten. Was allein noch fehle, sei die
»Maier-Gerade«. Wir wurden daraufhin wenig höflich verabschiedet,
und zurück blieb ein tief gekränkter Rennfahrer Maier.
Wie sich aus diesem Beispiel gut ersehen läßt (andernfalls hätte ich
mir die kleine Indiskretion geschenkt), möchte der Rennfahrer lieber
als schneller Mann in der Kurve als auf der Geraden gelten, da ja
geradeaus der Hauptteil der Leistung dem Motorrad zugute gehalten wird. Im großen und ganzen ist das zwar richtig, doch etwas Einfluß nimmt auch der Fahrer durch seine Haltung auf dem Motorrad.
Tief zusammengekauert, die Knie unter den Achselhöhlen, die
Ellenbogen an die Maschine gepreßt, liegt der Aktive auf der Maschine. Ohne Motorrad sieht diese
»Barcelona-Haltung« aus wie die
Abfahrtshocke bei den Ski-
rennläufern, und in der Tat haben
beide Haltungen auch das gleiche
Ziel: einen möglichst geringenLuft-
widerstand (siehe Abb.). Wie die

»Barcelona«-Haltung
(Abb. 1)

Perfekte aerodynamische Haltung auch schon in grauer Vorzeit:. Baltisberger 1955 auf einer NSU Rennmax in voller Fahrt.

Das Kissen für das Kinn! An der Werks-NSU von 1953. Bei dieser Maschine gibt es sogar Polster für die Unterarme des Fahrers. Der Mechaniker lauscht gespannt, was Werksfahrer Haas zu vermelden hat.

It's a better machine.

Abfahrtshocke der Brettlartisten ist auch diese Haltung alles andere als bequem, wobei wir den Vorteil haben, unseren Hintern noch auf einem »Rennbrötchen« plazieren zu können.

Die optimale Haltung muß zusammen mit der speziellen Maschine gefunden werden (was am besten in einem Windkanal ausgetüftelt werden kann). Da nur die wenigsten Zugang zu einem solchen haben, hilft in der Regel nur, das beim Fahren selbst auszuprobieren und sich auf das eigene Gefühl zu verlassen.

Bei alten Rennmaschinen sieht man oft noch ein kleines Kissen auf dem Tank. Darauf betteten unsere cromwellbehelmten Altvorderen ihr Kinn, um sich nicht bei der nächsten Bodenwelle versehentlich die Zungenspitze abzubeißen.

Im Zeitalter der Vollvisierhelme gehört dieses liebenswerte Detail der Vergangenheit an, da liegt die Helmunterkante direkt auf dem Tank auf.

Aber nicht nur die richtige und aerodynamisch perfekte Haltung verschafft uns einen Geschwindigkeitsgewinn auf der Geraden, sondern auch der Windschatten, den uns unsere Mitfahrer kostenlos lie

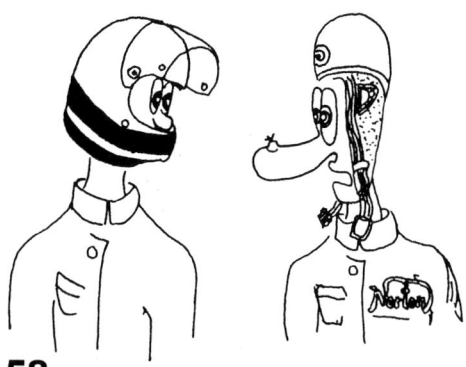

Prinzipiell habe ich ja gar nichts gegen die neuen Helme.

Schon beim Herausbeschleunigen wird die geduckte Haltung angenommen. Auf diesem Bild hat der Fahrer (2) zu alledem noch mit dem aufsteigenden Vorderrad zu kämpfen.

In perfekter »Barcelona«-Haltung der 15fache Weltmeister und erfolgreichste Motorradrennfahrer der WM, der Italiener Giacomo Agostini bei einem der letzten Renneinsätze der legendären MV Augusta (350 cm^3).

Zusammenkauern, d.h. Arme und Knie an den Tank und versuchen, im Windschatten des Vordermanns zu bleiben.

fern. Der Begriff »Windschatten« ist eigentlich kein korrekter Ausdruck, denn es handelt sich dabei ja nicht um einen Schatten, sondern vielmehr um einen Sog-Effekt. Der freilich kann unter günstigsten Umständen so stark sein, daß wir Geschwindigkeiten erzielen, die ohne diesen hilfreichen Windschatten nie zu erreichen wären. Da wir uns aber im Zentimeterabstand am Hinterrad unseres Vordermanns befinden, sind wir von seiner Fahrweise vollkommen abhängig. Das geht nur in einem Rennen, und auch dort sollte man sicher sein, daß der Vordermann sein Handwerk versteht.
Die ersten japanischen Hochleistungszweitakter hatten die üble Eigenart, ohne Vorwarnung festzugehen, und Jim Redman mit seiner Honda hatte mehr als einmal haarige Momente zu überstehen, wenn er sich im Windschatten von Reads Yamaha befand und diese urplötzlich festging. Redman verließ sich dabei darauf, daß die Yamaha zwei kleine Rauchwölkchen ausstieß, bevor sie festging; das war für ihn das Zeichen, aus dem Windschatten auszuscheren. Wenn wir versuchen, aus dem Windschatten an unserem Vordermann vorbeizukommen, so klappt das prima. Wir lassen uns von dem Windschatten ziehen, zielen dabei genau auf das Hinterrad des vor uns fahrenden Motorrads und schwenken dann im letzten Augenblick aus dem Windschatten heraus (Abb. 2). Wenn wir während

60

des Ansaugens im Windschatten des Vorausfahrenden genügend Tempoüberschuß aufgebaut haben und wir es durch Zick-Zack-fahren schaffen, daß sich der Überholte nun nicht seinerseits in unseren Windschatten hängt, kann es gelingen, wegzukommen. Anderenfalls läuft dasselbe Spiel mit umgekehrten Vorzeichen noch einmal ab.

Bei diesen Windschattenspielen existiert auch eine psychologische Variante. Man läßt sich mit voller Absicht zurückfallen, bleibt aber am Hinterrad des Vordermanns, und so oft sich die Gelegenheit bietet, schiebt man sich nur ein Stück vorbei, so daß der Vordermann das Vorderrad erspähen kann.

Die meisten werden nervös. Sie versuchen, das Tempo mit aller Gewalt zu steigern und machen einen Fahrfehler. Darauf haben wir gewartet, ziehen vorbei und haben den Kontrahenten somit auch aus dem Windschattenbereich vertrieben.

Überholmanöver aus dem Windschatten (Abb. 2)

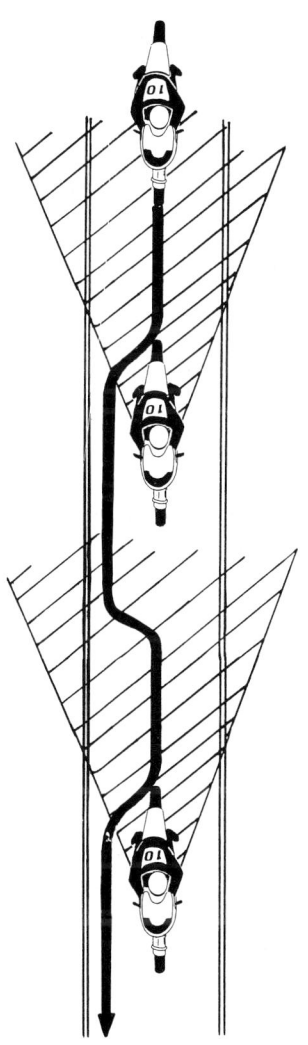

Eine sehr effektive Variante des Windschattenfahrens ist gerade zu Beginn des Rennens das Stafettenfahren (Abb. 3).

Dabei hangeln wir uns von einem Windschatten zum anderen. Das geht natürlich nur bei Konkurrenten, deren Maschinen langsamer sind als die eigene. Dennoch ist die Geschwindigkeit, die wir dabei erzielen, beträchtlich höher als wenn wir den Überholvorgang ohne diese Hilfe durchführen würden. Eine vor uns liegende Gerade, auf der sich andere Fahrer befinden, ist wie eine Anzahl von Turbinen, die uns der Reihe nach ansaugen und so die eigene Motorleistung unterstützen. Wer das nicht ausnützt, läßt sich einen wesentlichen Vorteil entgehen.

Fahren von Windschatten zu Windschatten.

3. Bremsen: wie, wann und wo?

Spa, 1965. Es liegt eine bleierne Hitze über der Rennstrecke, die 50 cm³-Maschinen gehen in ihre letzte Runde. In Führung der Deutsche Hans-Georg Anscheidt auf der Zweizylinder-Werkssuzuki, dahinter der Japaner Yoshimi Katayama, ebenfalls auf Suzuki. Wen von den beiden als erster die Ziellinie passiert, ist Weltmeister. Der Japaner wäre der erste Weltmeister seines Landes. Verbissen hängt er im Windschatten des Deutschen, doch sein Motor ist schon zu heiß und damit zu träge, um ihm einen Überholversuch aus dem Windschatten zu ermöglichen. So bleibt nur noch die Bremszone vor der »Virage de la source«, einer Spitzkehre.
Lange bevor die Fahrer auftauchen, hören die Wartenden schon den hellen singenden Klang der Suzukis, dann kommen die beiden angeflogen, Anscheidt liegt noch in Führung, dahinter der Japaner. Als der Deutsche sich bei der 300 m-Tafel aufrichtet und bremst, wagt sein Verfolger alles: er bremst später und schiebt sich vorbei. Als Erster geht Katayama in die Kurve; sollte das die Entscheidung sein? Doch während der Japaner noch immer dabei ist, die 14 Gänge seiner Suzuki zu sortieren, gibt Hans-Georg Anscheidt schon wieder Gas, um seinerseits zu überholen. Nur noch wenige 100 Meter - und der junge Deutsche, bisher ewiger Zweiter, ist Weltmeister der 50 cm³-Maschinen.
Nicht immer ist der Spätbremser der Erfolgreiche, wie dieses Beispiel zeigt. Wird nämlich eine exakte Vorbereitung auf die Kurve durch das späte Bremsmanöver vereitelt, in diesem Fall war es das Herunterschalten der 14 Gänge, kann dadurch die Rundenzeit schlechter werden.

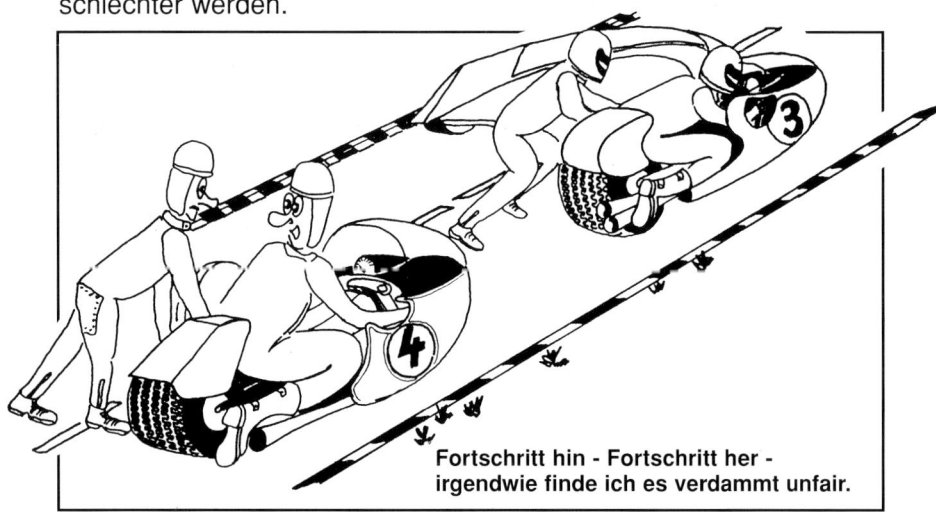

Fortschritt hin - Fortschritt her -
irgendwie finde ich es verdammt unfair.

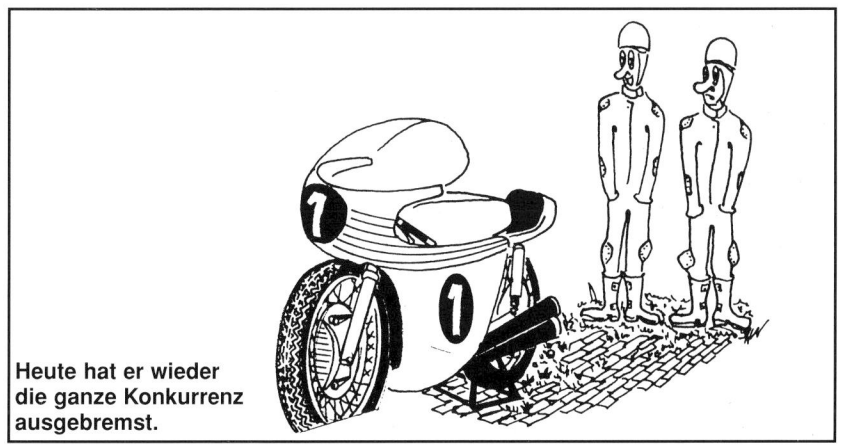

Heute hat er wieder
die ganze Konkurrenz
ausgebremst.

Die wichtigste Funktion beim Bremsen hat die Vorderradbremse. Sie trägt eine extreme Bremsung zu 100 Prozent. Aufgabe der Hinterradbremse ist es, da Fahrzeug zu stabilisieren (kein Ausbrechen zur Seite hin). Das geht aber meist zu Lasten eines kontrollierten Bremsvorgangs, weil die meisten Hinterradbremsen konstruktionsbedingt in ihrer Wirkung zu giftig sind. Außerdem ist es für den Fahrer prinzipiell schwierig, ein System zu dosieren, das so großen Schwankungen unterworfen ist, wie die Hinterradbremse (wegen ständig wechselnder Gewichtsverteilung).

Diese beiden Gründe führen dazu, daß viele Profis auf den Einsatz der Hinterradbremse gänzlich verzichten. Ideal, so scheint es, wäre hier ein ABS-System.

Doch auch die konventionelle Hinterradbremse läßt sich in einigen Bereichen vorteilhaft einsetzen:

- mit der Hinterradbremse läßt sich risikolos die Haftung zwischen Fahrbahn und Reifen grob testen
- mit der Hinterradbremse läßt sich das Motorrad querstellen und wenn nötig umwerfen (provozierter Sturz).

Wie gering die Bremskräfte sind, die durch die Hinterradbremse übertragen werden, läßt sich durch folgende Übung demonstrieren:

Übung:
Das Motorrad wird über eine Strecke, die zwischen 50 und 100 m liegen kann, beschleunigt und dann abgebremst, so daß man in möglichst kurzer Zeit in einem markierten Halteraum zum Stehen kommt. Die Übung gilt dann als erfolgreich durchgeführt, wenn der Fahrer im Halteraum zum Stehen kommt.

Wertungsfaktor: Die zum Beschleunigen und Abbremsen benötigte

Dynamische Radlastverteilung nennt das der Fachmann. Das Vorderrad wird be-, das Hinterrad entlastet. Das kann so weit gehen, wie bei diesem Bild zu sehen. Das Rad verliert den Bodenkontakt. Auch bei der 500er Yamaha ist deutlich zu sehen, wie sich die Frontpartie abgesenkt hat und das Heck in die Höhe zeigt.

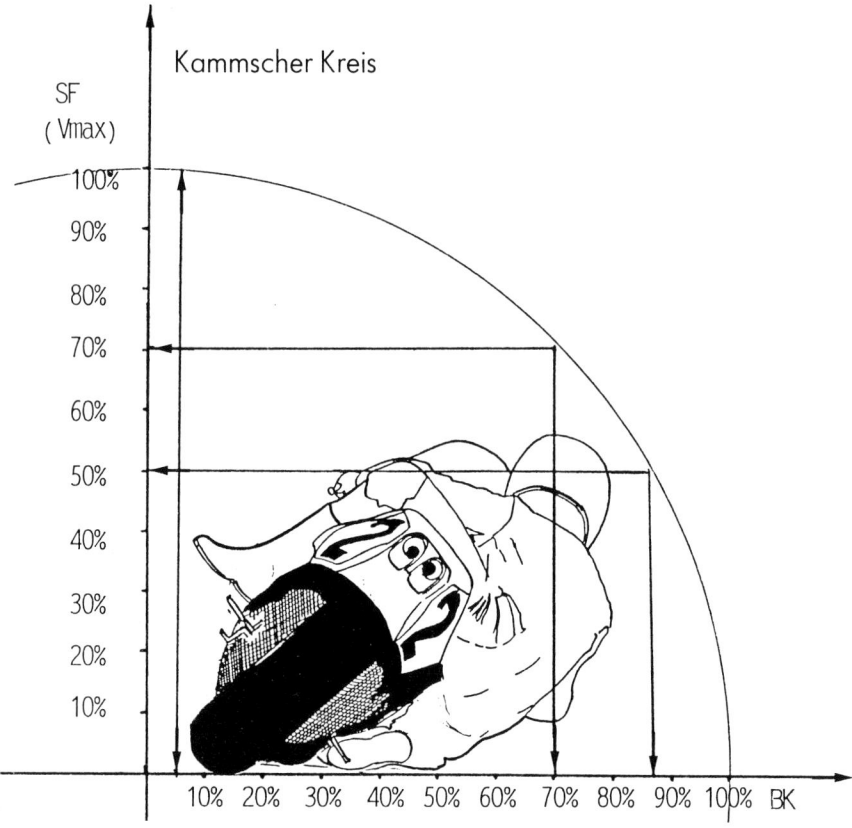

SF
(Vmax)

Kammscher Kreis

100%
90%
80%
70%
60%
50%
40%
30%
20%
10%

10% 20% 30% 40% 50% 60% 70% 80% 90% 100% BK

Je höher die Seitenführungskräfte in Schräglage sind, die ein Motorradreifen zu verkraften hat, desto geringer werden die Bremskräfte, die er überträgt. Die Seitenführungskräfte bestimmen die mögliche Kurvengeschwindigkeit V/max. Das Verhältnis von Seitenführungskräften und Bremskräften (BK) ist jedoch nicht direkt proportional. Ihr Verhältnis zueinander läßt sich sehr gut durch den Kammschen Kreis darstellen (siehe Abb.). Beträgt die Kurvengeschwindigkeit (V/max) 100 %, so stehen keine Bremskräfte mehr zur Verfügung. Doch schon bei 99 % sind ca. 5 % Bremskräfte (BK) vorhanden. Bei noch stärkerer Abnahme der Kurvengeschwindigkeit (V/max) auf z.B. die Hälfte, d. h. 50 %, stehen schon 85 % realisierbarer Bremskräfte (BK) zur Verfügung.

Zeit. Es darf nur die Fußbremse benutzt werden. Diese Übung offenbart sehr schnell jene Probleme, die ein blockierendes Hinterrad mit sich bringt:

66

- Wegrutschen und Schleudern des Motorrads
- Springen des Hinterrads

In beiden Fällen wird sich das Fahrzeug vor einer Kurve in einem wenig kontrollierten Zustand befinden.
Diese Übung kann dann im Anschluß mit beiden und dann nur mit der Vorderradbremse durchgeführt werden. Zuvor jedoch sollte man sich mit den Reaktionen eines Motorrads bei blockierender Vorderradbremse vertraut machen. Dies geschieht am zweckmäßigsten bei geringer Geschwindigkeit (10-20 km/h) und wechselnder Fahrbahnbeschaffenheit (von glatt zu griffig).
Blockiert das Rad, muß die Bremse sofort wieder gelöst werden, andernfalls ist ein Sturz unvermeidlich!

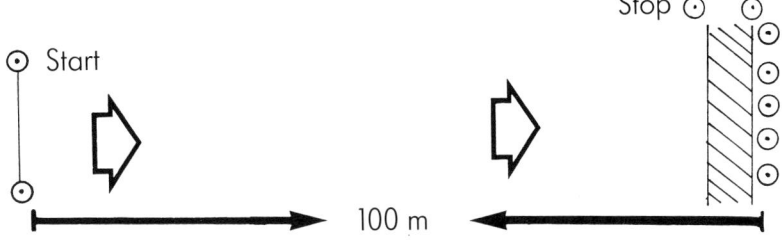

Brems- und Beschleunigungsübung.

Wie griffig der Reifen bei Rennmaschinen auf der Fahrbahn haftet, wurde mir selbst einmal sehr drastisch klar. Im Jahr 1974 überholte mich Dieter Braun beim Abbremsen einer 180°-Kehre. Sein Hinterrad befand sich dabei einen halben Meter in der Luft. Braun »landete« sein Motorrad gekonnt, bevor er in die Kurve ging.
Wenn das Vorderrad bei hohem Tempo in Geradeausfahrt weggeht, sollte der Fahrer zuvor diese Erfahrung schon im Niedriggeschwindigkeitsbereich gemacht haben; um so weniger wird sie ihn dann bei hohen Geschwindigkeiten erschrecken. Die Maschinenreaktionen sind in beiden Fällen gleich, lediglich die Strecke, die das blockierte Vorderrad rutscht, ist naturgemäß bei hohen Geschwindigkeiten länger.
Während ein guter Fahrer bei trockener Fahrbahn recht nahe der Grenze des physikalisch Machbaren bremst, sieht das ganze bei nasser oder ständig wechselnder Fahrbahn völlig anders aus.
So zeigten sich die Versuchsfahrer der Firma BMW vor allem darüber erstaunt, welch große Verzögerungen sich mit dem ABS bei nasser Fahrbahn erzielen lassen.
Erfahrungsgemäß bremst hier ein Fahrer ohne ABS wegen der ständig wechselnden Haftung, die nicht mehr optisch wahrgenommen

67

Der Slickreifen machte es möglich, in die Kurve hinein zu bremsen. Man beachte den vorsichten Finger an der Kupplung (der große Pfeil zeigt es: die Bremse ist noch voll gezogen).

werden kann (Öl, Benzin, Pfützen und Verschmutzungen), vorsichtiger. Er versucht, auch auf die nicht wahrnehmbaren Eventualitäten vorbereitet zu sein und ist deshalb bei lediglich nasser Fahrbahn zu langsam.

Ein beim Rennen auf nasser Fahrbahn wegrutschendes Vorderrad ist nur schwer wieder unter Kontrolle zu bringen, meist kommt es zum Sturz.

Es gibt drei Grundmuster von Bremsmanövern:

1. Bremsungen aus und in der Geradeausfahrt
2. Bremsungen aus der Geradeausfahrt in die Kurve hinein (Schräglage nimmt zu)
3. Bremsungen in Schräglage

Mit zunehmender Schräglage wachsen die Seitenfuhrungskräfte, und die Bremskräfte, die noch übertragen werden, nehmen ab (Blockiergefahr) (siehe Abb. S. 67).

Bremsungen aus und in Geradeausfahrt
Aus der liegenden Fahrposition richtet sich der Fahrer auf, um den Luftwiderstand zu vergrößern und sich mit den Armen abzustützen. Die Vorderradbremse kann voll gezogen werden (max. Bremsdruck),

68

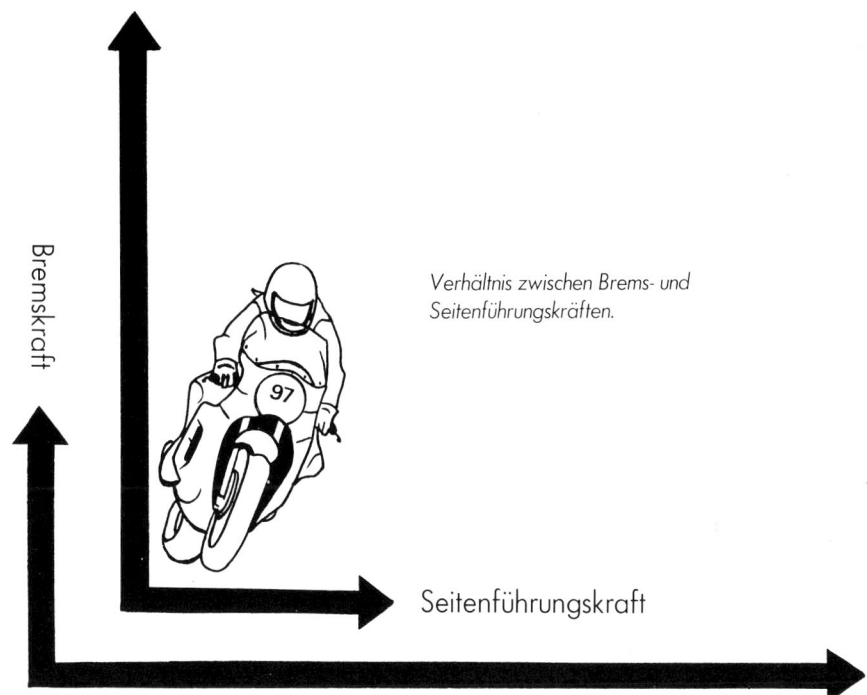

Bremskraft

Seitenführungskraft

Verhältnis zwischen Brems- und Seitenführungskräften.

die Hinterradbremse wird, wenn überhaupt, nur leicht betätigt, um Blockieren zu vermeiden.

Bremsungen aus der Geradeausfahrt in die Kurve hinein:
Beginn und Durchführung wie bei Punkt 1. Der Bremsdruck sollte bei Einleiten der Schrägfahrt leicht verringert werden. Auf den Einsatz der Hinterradbremse kann verzichtet werden.

Bremsungen in Schräglage:
Bremsen in Schrägfahrt bei Kurvenkombinationen, enger werdenden Kurven usw. ist immer problematisch, da es bei blockierendem Vorderrad fast stets zum Sturz kommt. Die Vorderradbremse (und nur sie sollte eingesetzt werden) muß sehr gefühlvoll und mit etwa $\frac{1}{4}$ der bei Geradeausfahrt eingesetzten Bremskraft dosiert werden.

Im Gegensatz zur Geradeausfahrt mit Bremsen und Einlenken in die Kurve kann durch das Zupacken der Bremse in Schrägfahrt das Vorderrad sehr leicht die Haftung verlieren; das Eintauchen der Telegabel beim Bremsen führt zu einer Veränderung der Lenkgeometrie.
Rennmaschinen sind heute so ausgelegt, daß sie die optimale Lenkgeometrie für leichtes Einlenken in die Kurve bei voll eingefederter Vorderradgabel haben (die Situation vor einer Kurve) und

69

Synchrone Haltung zweier WM-Stars beim Hineinbremsen in die Kurve. Mit der 6 Mamola, mit der 4 Gardner. Beide sitzen auf 500 cm³-Maschinen

Bremsen mit anschließender Kurvenfahrt

- Vollgasfahrt (Phase 1);
- der Fahrer richtet sich auf, zieht Bremse und Kupplung, beginnt die Gänge herunterzuschalten und setzt sich dann nach außen; vor dem Einsteuern in die Kurve kuppelt er ein und löst die Bremse (Phase 2).
- der Fahrer winkelt nun die Maschine ab und sucht mit Fuß oder Knie nach seinem Kontaktpunkt; von diesem aus wird die Maschine kontinuierlich weiter geneigt (Phase 3).
- ab dem Scheitelpunkt wird die Maschine beschleunigt, ohne die Schräglage zu verringern (Phase 4).
- Geradesetzen und liegende Haltung einnehmen, wenn technisch möglich, die Gänge ohne Kuppeln hochschalten (Phase 5).

Nach außen gesetzt, den Fuß mit der Spitze auf der Raste und die Bremse noch voll gezogen, visieren diese Fahrer die Kurve an.

beim Herausbeschleunigen träger im Lenkverhalten und damit kurvenstabiler werden.

Eine weitere Variante des Bremsens ist das Ausbremsmanöver. Ein Rennfahrerkollege erzählte mir einmal, sein Trick, einen gleich schnellen Fahrer zu überholen, bestehe darin, einfach einen Moment später zu bremsen als der andere. Auf diese Weise sei er noch an jedem vorbeigekommen. Als er, ich führte das Feld der 250er Klasse an, beim Augsburger Flugplatzrennen in meinem Windschatten hing, mußte ich an seine Worte denken, und nachdem ich die erste Runde relativ verhalten gefahren war und wir beide die Gegengerade auf eine 180° Kurve heruntersausten, war mir klar, daß ich wohl auf die gleiche Art »vernascht« werden sollte. Um dem zu entgehen, bremste ich so spät es nur ging. Kaum hatte ich mich aufgerichtet und in die Eisen gegriffen, schon sauste Walter an mir vorbei. Als ich dann in der Kurve war, sah ich ihn sich durch die Strohballenabsperrung in Auslaufzone flüchten.

Ein anderes Mal bei einem Rennen in Jicin (CSFR), wo wir auf normalen Landstraßen mit Alleebäumen und Begrenzungssteinen fuhren, sah das anders aus. Ein junger Österreicher, den ich auszubremsen gedachte, machte, als er mein Manöver bemerkte, seine

Bergauf +30%

Neben dem Bremsen in der Ebene kommt es auch zu Bremsmanövern an Steigungen (Bergrennen) oder im Gefälle. Je nach Grad der Steigung kann sich die mögliche Bremsleistung um ca. 30 % verbessern oder verschlechtern. Gerade bei den in Europa noch oft durchgeführten Bergrennen lohnt es sich, die Strecke vor den Kurven auf ihre Steigung hin zu untersuchen.

Bergab bis zu –30%

Bremsen auf und schoß so wieder nach vorn. Wohlgemerkt: er hatte schon gebremst, als er mich bemerkte und unterbrach, um noch vor mir in die Kurve zu kommen. Ich ließ ihn fahren. Im Kurvenscheitelpunkt sah ich im Augenwinkel den Österreicher in voller Schräglage neben mir, aber ganz außen am Straßenrand. Wir dürften um

73

die 120 km/h schnell gewesen sein. Er verließ die Straße und prallte frontal gegen einen Alleebaum, von dem er wie eine Strohpuppe zurückgeschleudert wurde. Erst im Fahrerlager erfuhr ich, daß er das nicht überlebt hatte.

Darüber reden die meisten Rennfahrer nicht gern, es wird verdrängt, doch ist es eine Realität in unserem Sport; zum Glück eine, die immer seltener wird. Beide Fälle zeigen sehr drastisch, daß der zu überholende Fahrer nicht zum alleinigen Orientierungspunkt eines Ausbremsmanövers werden darf. Der eigene Bremspunkt ist und bleibt auch beim Ausbremsmanöver der einzige Maßstab. Niemals darf man sich von seinem vorgefaßten Plan durch Manöver des zu Überholenden abbringen lassen, es sei denn, man bricht sein eigenes Manövers ab.

4. Bremsen mit ABS

Motorräder haben zwei voneinander unabhängig funktionierende Bremsen, die zudem noch von zwei verschiedenen Extremitäten bedient werden: dem Fuß und der Hand. Im Notfall muß der Fahrer in der Lage sein, das System so auszubalancieren, daß die Verzögerung des gebremsten Rads maximal ist, ohne es zu blockieren. Schon dieser Sachverhalt ist mehr als schwierig. Erschwerend kommt noch hinzu, daß bedingt durch die dynamische Radlastverschiebung beide Räder unterschiedliche Bremsverzögerungen zeitigen, die sich überdies noch während des Bremsvorgangs verändern. Wie vielschichtig und kompliziert dieses System für die Sensomotorik unseres Organismus - also für das Zusammenwirken von Muskeln, Nerven und Gehirn - ist, zeigt die Tatsache, daß Rennfahrer in den meisten Fällen auf den Einsatz der Hinterradbremse verzichten.

Warum das so ist? Nun, im Verlauf einer Bremsung gehen die Bremskräfte, die von der Hinterradbremse übertragen werden, gegen Null. Dementsprechend sähe die optimale Dosierung der Fußbremse wie folgt aus: Das anfangs noch feste Niederdrücken des Fußbremshebels müßte im weiteren Verlauf dem zarten Berühren derselben weichen, während hingegen der Handbremshebel mit zunehmender oder zumindest gleichbleibender Kraft betätigt wird.

Zu dieser vielfältigen Koordinationsleistung aber ist unser Organismus selbst unter optimalen Bedingungen (schönes Wetter, keine Paniksituation, trockene Straße, guter Trainingszustand des Fahrers und ein optimal abgestimmtes Bremssystem) nicht in der Lage. Bei Regenwetter, Übermüdung und verschmutzter Fahrbahn wird die Differenz zwischen möglicher Bremsleistung und dem, was wir tat

74

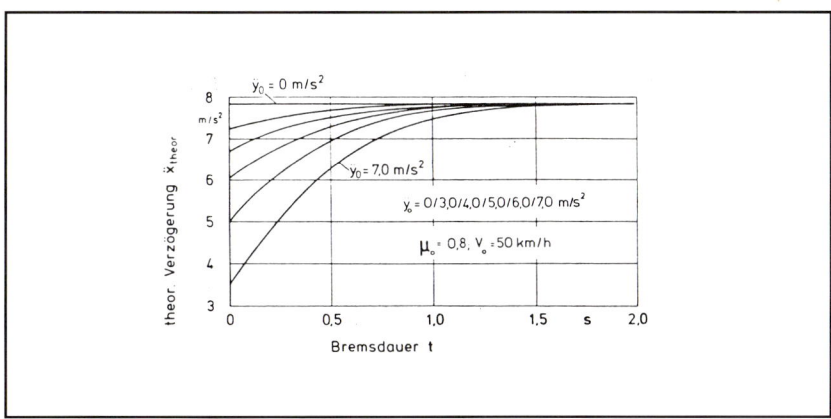

Theoretischer Zeitverlauf der Verzögerung bei Kurvenbremsung (Abb.1)

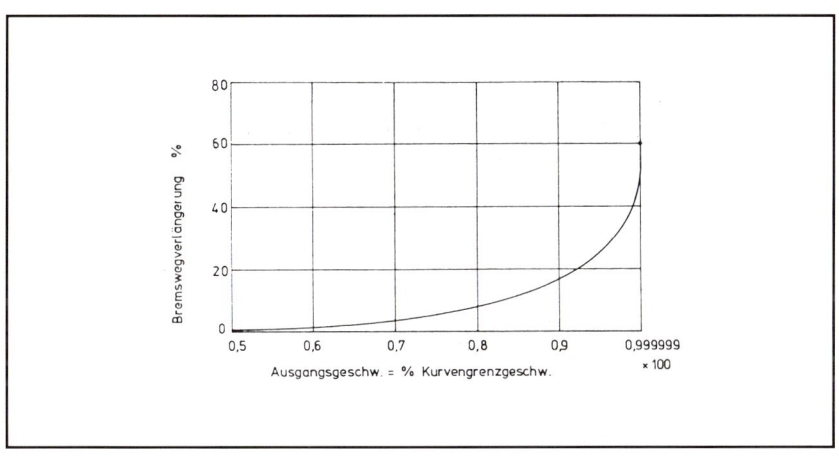

Bremsverlängerung bei Kurvenbremsung (rechnerisch) (Abb. 2)

sächlich an Verzögerungswerten zu realisieren vermögen, noch drastischer.

Das von FAG-Kugelfischer entwickelte und von BMW als bisher erstem Hersteller serienmäßig eingebaute ABS enthebt den Fahrer all dieser Sorgen. Hat er gelernt, in einer Notsituation beide Bremsen voll und nachdrücklich zu betätigen, übernimmt das ABS den Rest. Der Fahrer hat Pause.

Leider sind serienmäßig installierte ABS-Systeme immer noch Mangelware, und das nicht nur, weil die Hersteller mit spitzem Stift kalkulieren. Einer der Gründe ist die sicher die immer noch mangelhafte Funktion des ABS bei Kurvenbremsungen. Das ist um so bedauerlicher, als in Schräglage erhebliche Verzögerungsleistungen

75

erreicht werden. Selbst wenn wir die Bremsung bei 99,999 Prozent der möglichen Kurvengrenzgeschwindigkeit beginnen, verlängert sich der Bremsweg, den wir bei Geradeausfahrt zur Verfügung hätten, theoretisch nur um 60 Prozent (Abb. 3)! Bei entsprechend weniger Schräglage sind die Werte natürlich noch erheblich besser.

Bei Rennfahrern ist gut zu sehen, wie brutal sie ihre Maschinen in die Kurve hineinbremsen. Während dieses Bremsmanöver, wie das Beispiel der Rennfahrer zeigt, unter guten Bedingungen noch beherrschbar ist, stellen Bremsmanöver in Schräglage (die Bremsen treten in Aktion, wenn wir uns schon in Schräglage befinden) das menschliche Wahrnehmungsvermögen vor schier unlösbare Probleme. Diese sind um so größer, je näher wir uns an der Reifenhaftgrenze befinden.

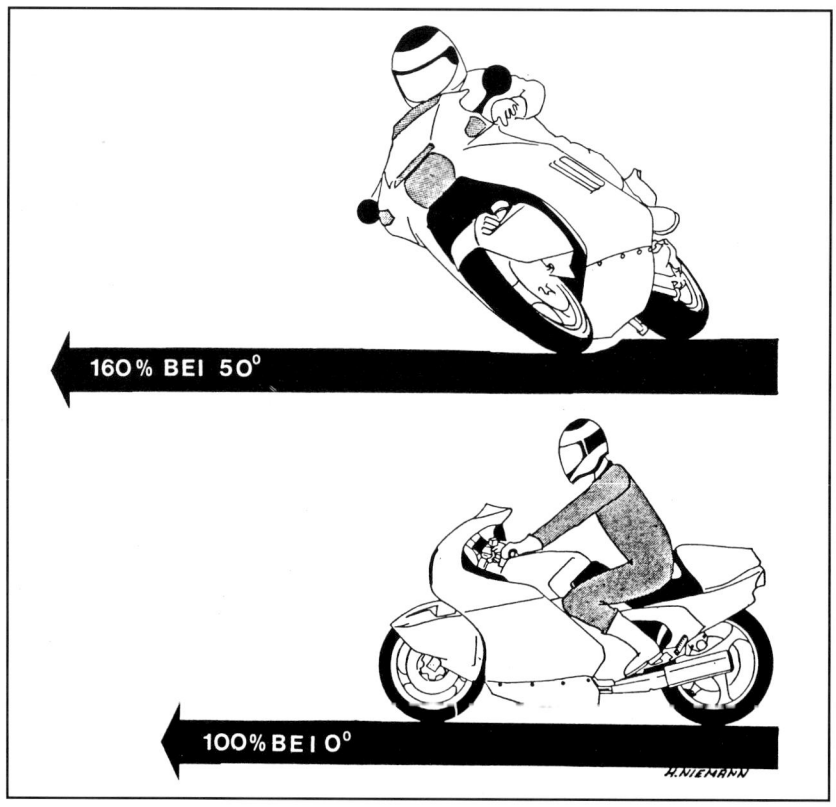

160% BEI 50°

100% BEI 0°

Bislang ging die Gleichung ABS plus Kurvenbremsung auf. Dabei eröffnet die Möglichkeit, in Schräglage ohne Ausrutscher bremsen zu können, faszinierende Perspektiven. Beispiel: bei 50 Grad Schräglage, also fast am Maximum, verlängert sich der Bremsweg nur um 60 Prozent! (Abb. 3)

76

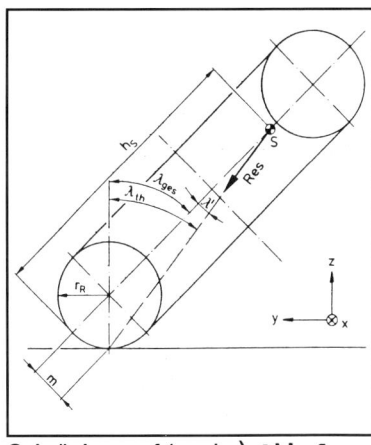

Schräglage = f ($r_R \cdot h_S$) **Abb. 4**

Nun funktioniert das FAG-Kugelfischer-ABS auch in Schräglage, zeigt aber auch einen höchst unerwünschten Nebeneffekt, der darin besteht, daß in dem Moment, in dem das System reguliert, unerhört hohe Lenkmomente auftreten. Diese Lenkmomente liegen bis über 200 Newtonmetern und richten die Maschine abrupt auf.

Das Dümmste, was man bei brenzliger Kurvenfahrt aber machen kann, ist die Maschine aufzurichten, denn anstatt daß die Maschine »nur« seitlich wegrutscht, verlassen wir nun die Kurve in Geradeausfahrt. Dort lauert in den meisten Fällen ein Hindernis in Form von Leitplanken, Bäumen und Autos. Bei dem ABS der BMW-Maschinen muß der Fahrer bei Kurvenbremsungen darauf gefaßt sein, enorm hohe Haltekräfte aufbringen zu müssen, wenn er in den

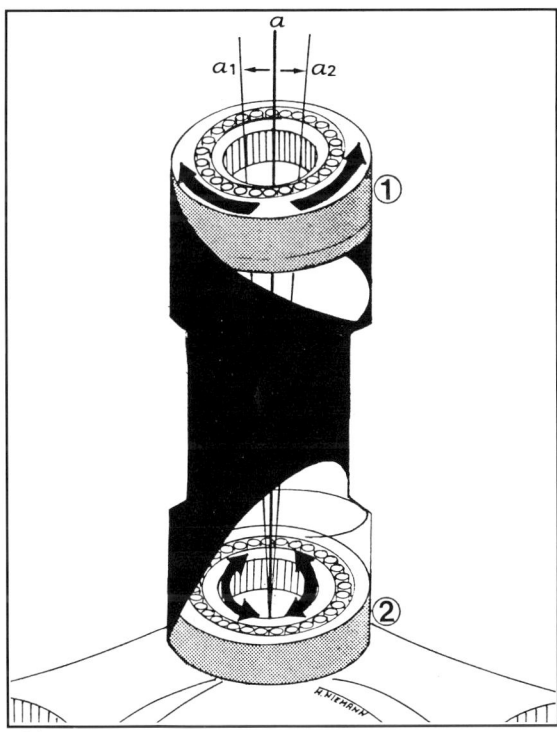

Abb. 5

So funktioniert der Bremslenkmoment-Verhinderer:
Lager 1 ist exzentrisch, es kann nach links oder rechts verdreht werden;
Lager 2 ist ein Pendelrollenlager (a = theoretische Lenkachse). Damit wird verhindert, daß sich das Motorrad beim Bremsen in Schräglage schlagartig aufrichtet.
(Abb. 5)

77

Regelbereich des ABS gerät.

Warum das so ist? Nun, während es beim Auto weitgehend uner-heblich ist, ob das Rad bei Kurvenfahrt blockiert und es damit zu einer kurzzeitigen Vergrößerung des Schräglaufwinkels kommt, hat dieses Bremslenkmoment beim Motorrad einen Radeinschlag in die Kurvenrichtung zur Folge. Wie wir alle wissen, wird ein Motorrad durch eine der Kurvenrichtung entgegengesetzte Lenkbewegung in Schrägfahrt gebracht. Das Aufrichten erfolgt in umgekehrter Reihenfolge, nämlich durch einen in die Kurvenrichtung zeigenden Lenkeinschlag. Genau den bewirkt das kurzzeitig blockierte Vorder-rad: Die Maschine richtet sich plötzlich auf.

An diesem Punkt setzt auch der von Dr. Ing. Alois Weidele ent-wickelte Bremslenkmoment-Verhinderer an. Während die hohen Lenkkräfte von vielen mit dem Argument heruntergespielt werden, daß andernfalls die Reifen blockieren und in Folge dessen der Fahrer auch stürze, erkannte Weidele, der seine Forschung in guter Bönsch-Manier vom Motorradsattel aus betreibt, sehr rasch, daß dies dem Fahrer aus Sicherheitsüberlegungen nicht zugemutet wer-den kann. Mehr als einmal stiegen er und seine Versuchsfahrer total

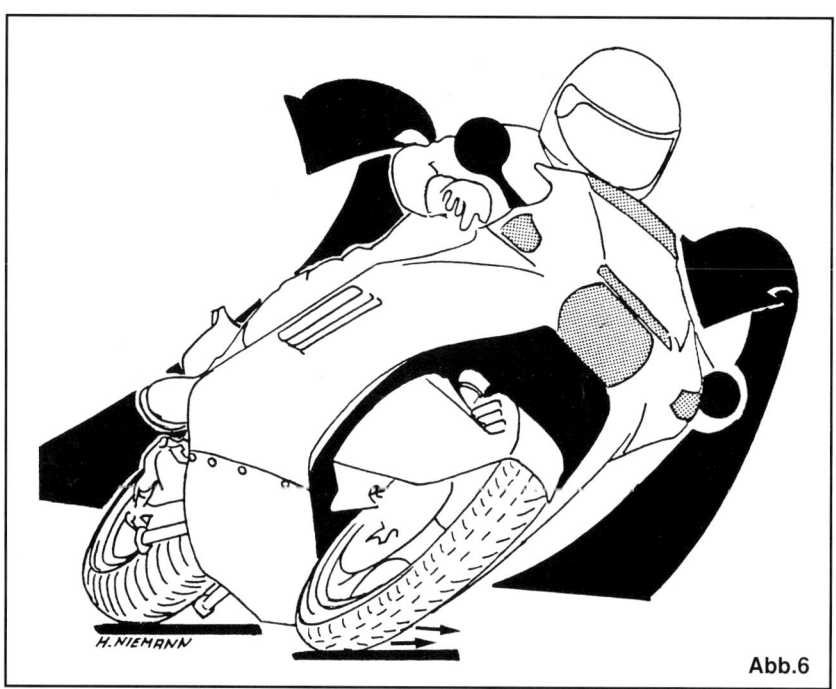

Abb.6

78

naßgeschwitzt nach ABS-Kurvenbremsungen vom Motorrad. Die Haltekräfte machten das Fahren zur Schwerstarbeit und sind von dem Fahrer, der von ihnen überrascht wird, kaum zu meistern.

Die Ursache dafür ist das seitliche Auswandern des Reifenaufstandpunktes in Schräglage zur Kurvenmitte hin. Dadurch zeigt die Resultierende aller Kräfte nicht mehr in die Fahrzeugsymmetrie-Ebene (Abb. 4). Die Differenz ergibt den Hebel »Bremslenkhalbmesser«. Multipliziert mit der Bremskraft erzeugt dies das Bremslenkmoment. Das kurzzeitig blockierte Rad wird in die Kurve eingedreht, dadurch der Kurvenradius verkleinert, und da die Geschwindigkeit gleich geblieben ist, richtet die nun stärker wirkende Fliehkraft die Maschine auf (Abb. 6).

Eine mögliche Problemlösung wäre die Radverschiebung durch Schwenken des ganzen Lenkkopfs. Dagegen spricht, daß jedes seitlich zu verschiebende Bauteil an einem Motorrad dies zu einem Pendelmotorrad werden läßt. In diesem Fall hätte man den Teufel mit dem Beelzebub ausgetrieben.

Die fast schon genial einfach zu nennende Lösung von Weidele: Die theoretische Lenkachse wird mittels eines exzentrischen Lagers im oberen Lenkkopf verschoben (Abb.5, aus der Position a nach a_1 oder a_2). Dazu werden die Lagerschalen synchron verschoben und so der Lagermittelpunkt zur Seite hin verschoben (Lager 1 in der Zeichnung). Die Lenkachse als Verbindung des ausgeschwenkten Mittelpunkts des unteren Pendelrollenlagers (Lager 2 in der Zeichnung) steht nun seitlich schief. Bei dem unteren Lager ist die äußere Lagerschale fest, die innere beweglich. Dadurch gelingt es, die Lenkachse der seitlichen Auswanderung des Reifenaufstandspunkts nachzuführen. Resultat: Das Bremslenkmoment entsteht nicht! Für den Fahrer bedeutet dies, daß er auch bei maximaler Schräglage voll bremsen kann, ohne daß das Motorrad irgendwelche Reaktionen zeigt.

Bei normaler Fahrweise auf Autobahn der Landstraße, bei der die meisten Fahrer schon bedingt durch ihr Fahrkönnen kaum mehr als 75 Prozent der Kurvengrenzgeschwindigkeit ausnutzen, bedeutet dies, daß sich der Bremsweg um weniger als 10 Prozent vergrößert (Abb.3). Bei einem modernen Motorrad mit guten Reifen beträgt die mögliche Schräglage bei trockener Fahrbahn etwa 50°. 75 Prozent davon sind immerhin noch 37,5°. Bei Tempo 100 km/h beträgt der Bremsweg bei Geradeausfahrt rund 42 m. Bei gleichem Tempo diese Schräglage vorausgesetzt, steht ein Motorrad, ausgerüstet mit ABS und dem Bremslenkmoment-Verhinderer, nach lediglich 46 m. Damit wären Kurvenbremsungen mit dem Motorrad technisch kein Thema mehr. Bleibt zu hoffen, daß bald alle Firmen ihren Kunden ein Motorrad anbieten können, das dieses Maximum an Fahrsicherheit bietet.

79

5. Überholen, Ausbremsen und Anbremsen

In den meisten Fällen wird der oder werden die zu überholenden Fahrer die Kurve auf der Außenbahn anfahren, um den Kurvenradius möglichst groß zu halten. Für den Überholenden heißt das, daß er die Kurve mehr auf der Innenbahn und damit auf fernab seiner bisherigen Linie fahren muß, es sei denn, es gelingt ihm, die anderen noch vor der Kurve zu schnappen. (Abb. 1 + Abb. 2).

Durch das Ausbremsmanöver stören wir die Linie des anderen Fahrers ganz empfindlich. Er ist nämlich nun, was seine Kurvenlinie anbelangt, solange wir neben ihm sind, von uns abhängig und kann nicht in die Kurve lenken. Kommt aber umgekehrt der Fahrer, den wir zu überholen beabsichtigen, noch vor uns in die Kurve, so droht er uns am Scheitelpunkt der Kurve einzuklemmen. Denn der Fahrer wird sich bei der Einfahrt in die Kurve auf den Kurvenscheitelpunkt (Apexpunkt) zubewegen, er fährt also von außen nach innen in die Kurve. Nach dem Kurvenscheitelpunkt rollt das ganze Geschehen in umgekehrter Reihenfolge ab, der Fahrer läßt sich vom Straßeninnenrand zum -außenrand tragen. Auch in diesem Fall kann ein überholender Fahrer eingeklemmt werden, nämlich dann, wenn er versucht, noch außen an dem vor ihm Fahrenden vorbeizukommen. Wollen wir also am Kurveneingang vorbei, so ist es ratsam, noch vor dem Kurvenscheitelpunkt neben dem zu überholenden Fahrer zu sein, wenn wir beabsichtigen, das Überholmanöver auf der Innenbahn durchzuführen. Ansonsten werden wir eingeklemmt, wir müssen das Gas zumachen und verlieren so etliche Meter. Am Kurvenausgang empfiehlt sich die Innenbahn, um an einem Konkurrenten vorbeizuschlüpfen. Wir benötigen zu diesem Manöver nur wenig Platz (Abb. 3), und sollte der Vorausfahrende stürzen, so gefährdet er uns nicht, denn er wird nach außen fallen.

Auch beim Überholen gilt der Grundsatz:

Wir fahren dorthin, wohin wir blicken. Das heißt, wir dürfen unsere Aufmerksamkeit nicht auf den vor uns fahrenden Piloten richten, sondern auf den Streckenteil, auf dem wir an ihm vorbeizufahren gedenken!

Mir selbst passierte es einmal als Renneleve in Hockenheim, daß ich gebannt hinter meinem Vordermann herfuhr. Dessen Maschine beschleunigte wesentlich besser aus den Kurven als meine, so daß er mir am Kurvenausgang immer davonziehen konnte. Bis zur nächsten Kurve hatte ich dann zwar wieder aufgeschlossen, da ich mich aber ganz auf ihn konzentrierte, anstatt vorbeizufahren, gelang es ihm, das Tempo jedesmal soweit zu reduzieren, daß er am Kurvenausgang erneut seine bessere Beschleunigung ausspielen konnte.

80

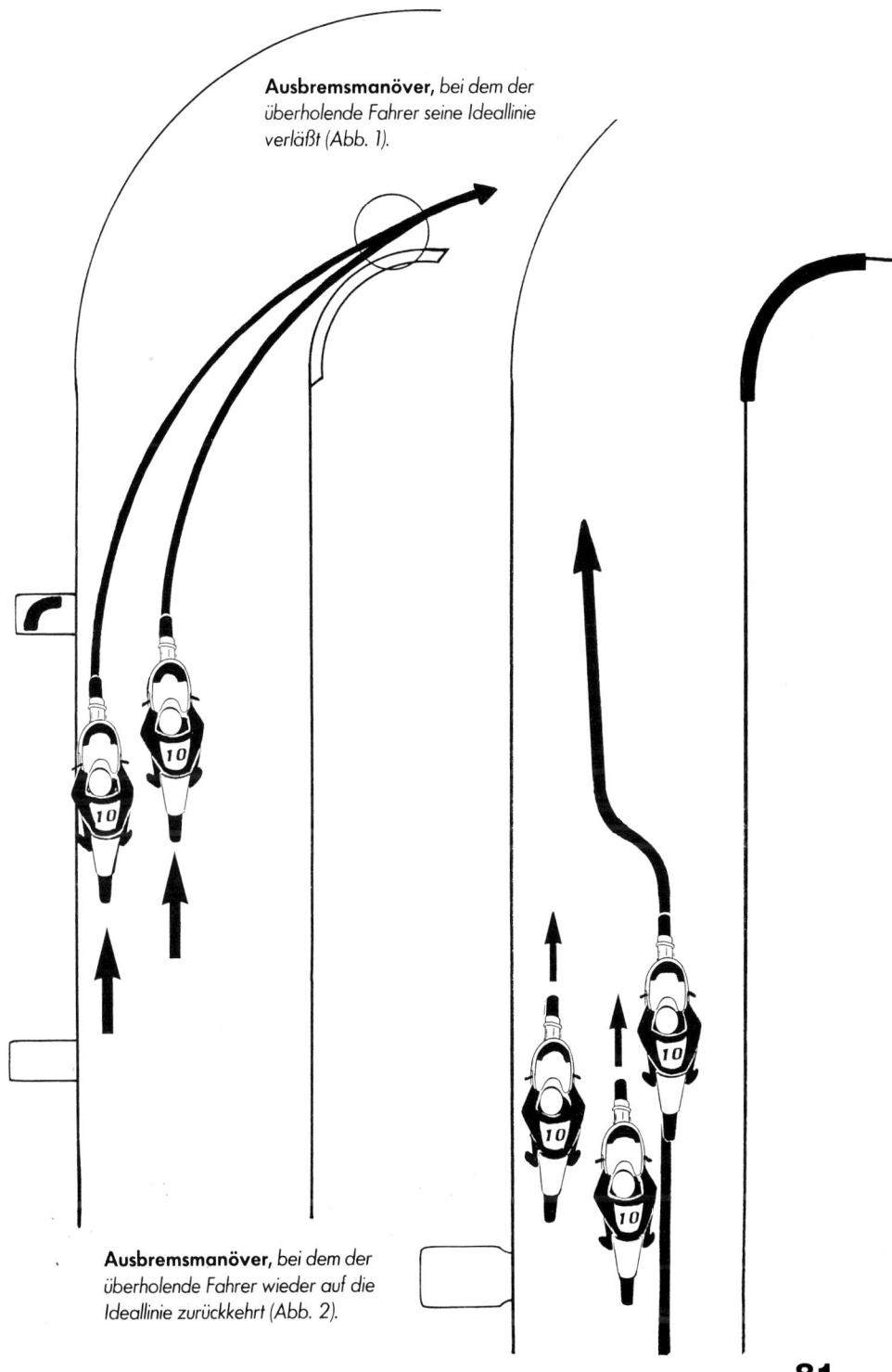

Ausbremsmanöver, bei dem der überholende Fahrer seine Ideallinie verläßt (Abb. 1).

Ausbremsmanöver, bei dem der überholende Fahrer wieder auf die Ideallinie zurückkehrt (Abb. 2).

81

1

Für die Innenbahn haben sich in diesem Pulk die Fahrer 1 + 6 entschieden. 2 + 5 auf der Außenbahn der Kurve bleibt das Nachsehen. Um dieser Attacke zu entgehen, hätten 2 + 5 früher zumachen müssen, d.h. sie hätten die Kurve weiter innen anfahren müssen.

2

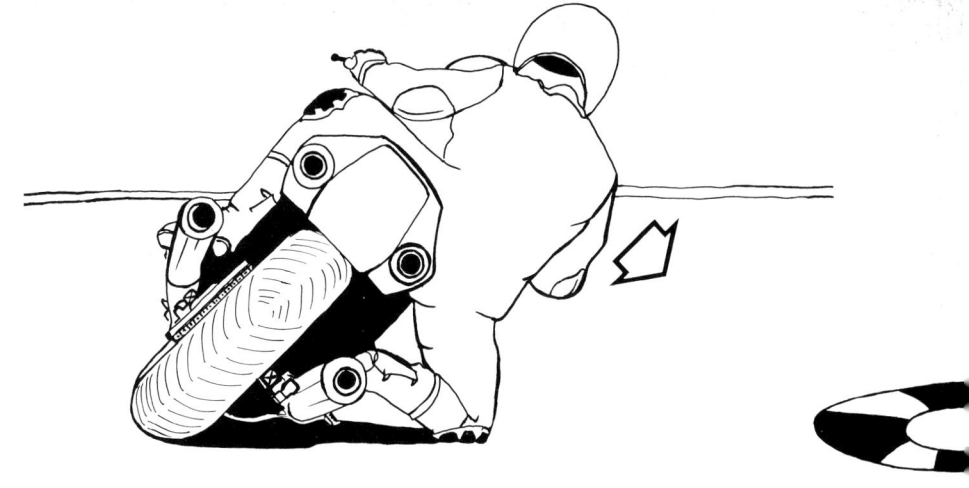

Ist der andere Fahrer jedoch etwas schneller, oder kennt er die Strecke besser als man selbst, so kann es durchaus von Vorteil sein, sich an ihn zu hängen und seine Fahrweise zu beobachten.

Bei Zweikämpfen, gleich ob als Angreifer oder als Angegriffener, kann es erforderlich sein, die Ideallinie zu verlassen und eine Linie zu wählen, die das Überholen gestattet, oder aber einen Überholvorgang abzuwehren. Diese zweite Ideallinie (der Absicht entsprechend auch »Kampflinie« genannt) muß ebenso wie die normale Ideallinie Bestandteil unseres taktischen Plans sein.

Wir müssen also die Strecke unter folgenden Aspekten analysieren:

Wer im Kurvenscheitelpunkt innen so viel Platz läßt, lädt den Nachfolgenden zum Überholen direkt ein! Im Kurvenverlauf wird der Fahrer nach außen getragen, für den Überholenden besteht somit wenig Gefahr, eingeklemmt zu werden.

1. Wo und auf welcher Linie kann ich auf einem Rennkurs am effektivsten und sichersten meine Konkurrenten überholen?
2. An welchen Streckenteilen und wenn ja wie muß ich meine Ideallinie verändern, um die Überholabsicht eines Mitwettbewerbers zu vereiteln?

Als einfaches Beispiel sei hier nur das Anfahren einer Kurve in der Straßenmitte genannt. Durch diese Maßnahme erschwere ich es meinem Konkurrenten, der mich belauert, vor der Kurve innen an mir vorbeizugehen. In unserem Beispiel (Abb. Û) haben wir einen Streckenabschnitt der Nürburgring-Nordschleife (Wehrseifen).

Hier zeigt sich, auch bei oberflächlicher Betrachtung, recht deutlich, warum wir unsere Ideallinie zugunsten einer Kampflinie aufgeben müssen, wenn wir bedrängt werden. Würden wir auf unserer alten Ideallinie weiterfahren, entspräche das geradezu (A) einer Einladung zum überholen, und spätestens bei Punkt B wäre die Kurve für uns »zu«. Von Punkt B nach Punkt C gibt es kein Vorbeikommen mehr.

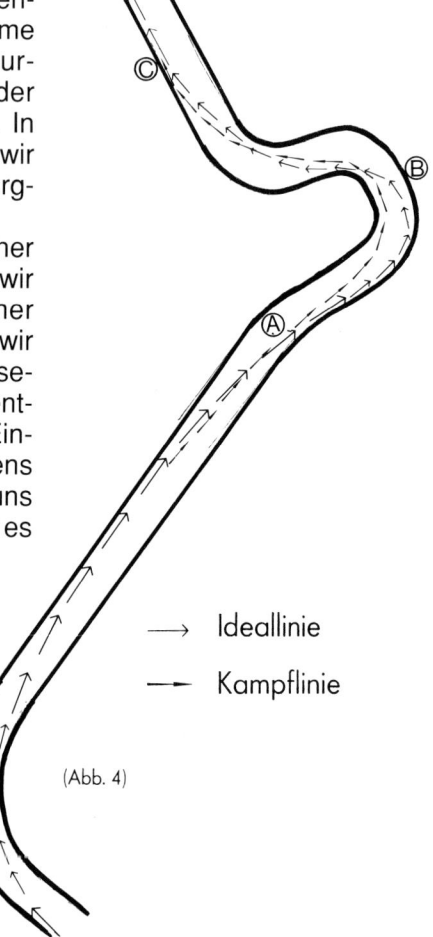

→　Ideallinie

→　Kampflinie

(Abb. 4)

6. Fahrerhaltung auf dem Straßenmotorrad

Die sinnvollste Fahrerhaltung im Straßenverkehr ist immer noch der »klassische Fahrstil«, also Knie am Tank, den Oberkörper gerade und in einer Linie mit dem Motorrad.

Dieser Stil ist in der Tat am unauffälligsten und sinnvollsten im dichten Verkehr, da er schnelle Korrekturen und Ausweichmanöver gestattet. Man kann aber auch in dieser Fahrerhaltung all jene verhängnisvollen Fehler machen, die eine Kurve zu einer Todesfalle werden lassen: Unübersichtliche Kurven schneiden; zu nahe am Mittelstreifen durch Linkskurven fahren (Oberkörper auf der Gegenfahrbahn), zu schnell oder mit zu großer Schräglage (über 40°) zu fahren.

Es ist eine Binsenwahrheit, daß jemand, der eine Kurve an seinem fahrerischen Limit fährt, auf plötzliche Ereignisse nicht mehr reagieren kann. Da gibt es den Autofahrer, der seinen Wagen mitten in der Kurve parkt, den Treckerfahrer, der mit seinem Uralt-Lanz gerade noch aus dem Feldweg, der hinter der Kurve liegt, auf die Straße tuckert, die netten alten Damen, die in der Kurve abbiegen - ja, da war so ein kleiner Parkplatz, um ihren Sonntagsnachmittagsspaziergang zu machen.

Bei einer solchen Gelegenheit bin ich auch einmal abgebogen. Den Autofahrer sah ich noch in die Kurve hineinfahren und dachte, wenn du es jetzt richtig krachen läßt, kannst du am Kurvenausgang den Wagen überholen. An dieser Stelle war aber besagter Parkplatz, auf der der Familienvater plus Anhang abbog. Bei dem Versuch zu bremsen und auszuweichen lehnte ich mich an das Auto an und bog mit ihm auf den Parkplatz. Dabei verkratzte zwar der Pkw, mir aber passierte zum Glück nichts.

Neben dem eisernen Grundsatz, im Straßenverkehr nicht an die Grenzen unseres fahrerischen Könnens zu gehen, das bekanntlich bei jedem unterschiedlich ist, und auch keine Wettbewerbe auszufahren, sollten wir auch entsprechend auf dem Motorrad die Kurven angehen und bei dichtem Verkehr möglichst unauffällig im »klassischen Fahrstil« fahren. Wir wollen ja unsere Mitmenschen nicht erschrecken, sondern im Gegenteil uns um ein positives Image der Motorradfahrer bemühen. Auf einsamen Sträßchen kann man ruhig auch einmal »hanging off« praktizieren, sofern wir uns nicht hart am Limit bewegen. Übrigens hält das »Hanging off« fit: Das dauernde Hin- und Hersetzen tut dem Kreislauf und der Blutversorgung von Beinen und Gesäß gut.

Ganz klar läßt sich eins sagen: Wer im Straßenverkehr mit dem Knie den Asphalt berührt (oder dies fast tut) ist zu schnell! Denn wer mit Schräglagen von über 45°, einer sehr hohen Geschwindigkeit und

Eine entspannte und vor allem unspektakuläre Fahrerhaltung ist im Verkehrsgeschehen angebracht. Hierzu eignet sich der klassische Fahrstil am besten, Knie am Tank, Mann und Maschine bilden eine Linie.

einer Sitzposition, die kaum Korrekturen zuläßt, um die Kurven fegt, hat keine Reserven mehr.

Wer sich nicht am Limit bewegt, kann vielleicht durch Drücken noch etwas retten. Hat man eine Kurve zu weit in der Mitte angefahren (Oberkörper über der Mittellinie) und ein Pkw oder, noch schlimmer, ein Omnibus kommt entgegen, wird man in der Kurve nicht ganz so breit: Die Maschine wird mehr geneigt, der Oberkörper aber geradegestellt, und vielleicht bringt das die Zentimeter, die aus der Gefahrenzone bringen (Abb.1).

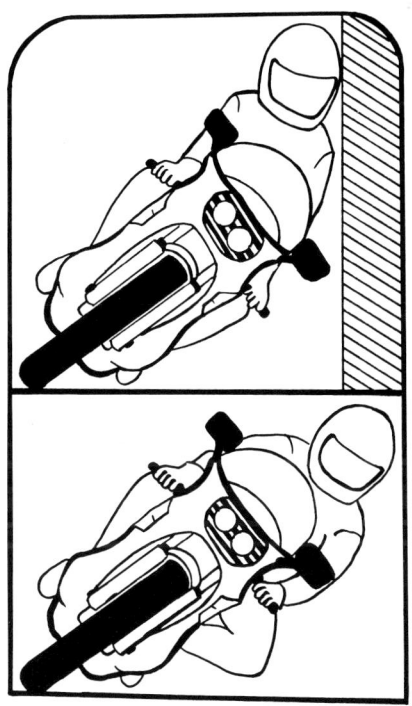

(Abb. 1) Durch das »Drücken« kann man das Breiterwerden reduzieren.

7. Mit dem Tourenmotorrad unterwegs

Fahrtechnisch gesehen ist der Tourenfahrer der Allrounder unter den Motorradsportlern. Von extremem Gelände und Sprüngen einmal abgesehen, gibt es wohl keine Fahrsituation, die ihm nicht einmal begegnet. Bedingt durch den Verkauf immer perfekterer Reise-Enduros, wagen sich entsprechend ausgerüstete Tourenfahrer in immer unwegsamere Gegenden, so daß es zu Überschneidungen zwischen Straßen- und Geländefahrtechniken kommt. Doch es sind nicht nur die wechselnden Straßen- und Landschaftsbeschaffenheiten, auf die sich der Tourenfahrer einstellen muß, sondern auch auf eine Maschine, die entsprechend der Zuladung ganz andere Fahreigenschaften aufweist, als die ihr der Konstrukteur am Reißbrett zugedacht hat.

Fahrstil

Grundsätzlich gilt, daß der Tourenfahrer eine bequeme und entspannte Sitzposition auf der Maschine einnehmen muß. Ein Motorrad, das diese Sitzposition konzeptionell nicht ermöglicht, sollte von vornherein aus der engeren Wahl ausscheiden. Ein guter Kniekontakt zum Tank, leicht angewinkelte Arme, auf denen möglichst auch bei langsamer Fahrt kein Gewicht liegt und nicht zu stark abgeknickte Beine sind die Voraussetzung für langes, ermüdungsfreies Fahren. Der Knieschluß mit dem Tank ermöglichst es und darüber hinaus, die beim Bremsen auftretenden Kräfte gleichmäßig auf Arm- und Beinmuskulatur zu verteilen. Aus alledem folgt, daß die ideale Fahrhaltung der klassische Fahrstil ist, bei dem wir die Kurvenfahrt durch eine leichte Lenkbewegung entgegen der Kurvenrichtung einleiten und nicht etwa durch Gewichtsverlagerung oder gar Verrutschen auf der Sitzbank. Die Oberkörperneigung entspricht dabei der Neigung der Maschine, lediglich der Kopf bleibt durch Zurücklegen in den Nacken stärker ausgerichtet. Der Blick ist auf den Kurvenausgang ausgerichtet und bleibt nicht vor dem Vorderrad kleben, denn da gibt es nichts zu sehen, was für uns von Interesse wäre. Über die Reibwerte, die der Straßenbelag bietet, müssen wir uns schon zuvor im Klaren sein und entsprechend Fahrgeschwindigkeit und Schräglage danach ausrichten. Eine weitere Ergänzung im Fahrtechnik-Repertoire ist das Drücken der Maschine, so wie es uns die Cross- und Endurosportler vorexerzieren. Dabei wird die Kurvenfahrt wie beim klassischen Fahrstil durch Zug am Lenker entgegen der Kurvenrichtung eingeleitet, die Maschine jedoch durch Strecken des kurveninneren Arms (der kurvenäußere Arm ist dabei angewinkelt) in die Kurve gedrückt. Den Oberkörper halten wir beim Drücken gerade.

Daraus ergibt sich ein Abknicken in der Hüfte. Einzig auf den Stützfuß, den die Geländesportler zur Sicherheit nach vorne strecken, verzichten wir, es sei denn, wir fahren eine sehr leichte und geländetaugliche Maschine und der Untergrund ist entsprechend rutschig. Gerade auf engen, verwinkelten Wegen vierte und fünfter Ordnung garantiert dieser Fahrstil ein optimales handling des Motorrads. Schnelle Richtungsänderungen und Ausweichbewegungen gehen schneller vonstatten, als es bei normalem Fahrstil möglich wäre. Die Maschine muß nun allerdings bei gleicher Kurvengeschwindigkeit stärker abgewinkelt werden als dies bei normaler Sitzhaltung nötig wäre. Neben der Sitzhaltung auf dem Motorrad ist es vor allem die Wahl der Fahrlinie, die Fahrqualitäten eines Motorradfahrers ausmachen.

Ideallinie

Nehmen wir als die Darstellung einer Fahrbahnhälfte, so entspricht die Linie »Rk« der Polizeilinie, die Linie »Ri« der auf unserer Fahrbahnhälfte realisierten Ideallinie. Wie zu sehen ist, fahren wir

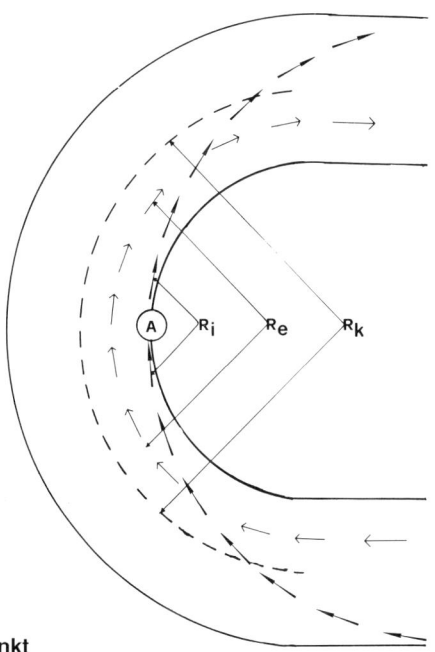

A = Apexpunkt
Re = mittlerer Fahrbahnradius
Rk = mittlerer Kurvenradius
Ri = Ideallinie

die Kurve von außen an, zielen auf den Apexpunkt (A) und lassen uns nach diesem wieder nach außen tragen. Dabei sollten wir es uns zur Gewohnheit machen, so lange wie möglich außen zu bleiben und erst dann nach innen zu ziehen, wenn wir den Kurvenverlauf überblicken können. Ab dem Scheitelpunkt sollte die Geschwindigkeit so weit reduziert sein, daß wir die Maschine hochbeschleunigen können. Wann immer wir mit geschlossenem Gas die Kurve gerade so schaffen, haben wir einen schweren Fahrfehler begangen. Neuerdings gibt es auch wieder Fahrlehrer und Trainer, die das Fahren auf der Polizeilinie propagieren. Ihr Argument: Wir haben als Motorradfahrer ja Freude an der Schräglage, warum also suchen wir uns eine Linie, bei der wir bei gleichem Tempo weniger Schräglage fahren müssen? Wollen wir dennoch, bei der oben skizzierten Ideallinie, die gleiche Schräglage fahren wie bei der Polizeilinie, müssen wir die Kurvengeschwindigkeit erhöhen und fahren somit gefährdeter. Bei Rechtskurven mag das noch funktionieren, be Linkskurven dagegen führt das unweigerlich dazu, daß der Fahrer sich schon vor dem Kurvenausgang mit relativ hohem Tempo - er fährt ja fast auf dem Außenradius der Kurve und damit entsprechend schnell - am Straßenrand befindet.

Erschwerend kommt dann noch hinzu, daß sich bei den meisten Linkskurven in bergigen und waldreichen Gebieten an der äußeren Seite des Kurvenausgangs Dreck und Schmutz in den verschiedensten Variationen ansammelt. Beim Ausprobieren der Polizeilinie ist es mir einige Male bei Linkskurven passiert, daß ich mit äußerst mulmigen Gefühlen weit außen am Straßenrand auf besagten Straßenschmutz zufuhr.

Wen der Alpenkönig küßt, dem verrät er zumeist auch einen kleinen Trick, wie es am besten geht, die unzähligen Spitzkehren ohne allzu großes Gewackel zu fahren. Während der Kurvenfahrt betätigen wir sanft die Hinterradbremse und durch den so entstehenden Zug am Hinterrad läßt sich die Maschine wunderbar per Gasgriff um die Ecke steuern (Abb. 3).

Zum Stabilisieren der Maschine bleibt der Fahrer in Spitzkehren leicht auf der Fußbremse

Fahrbahnbelag

Die Fahrzeugbeherrschung ist genauso wichtig wie die Beachtung der jahreszeitlichen Wechsel wie Frühjahr und Herbst, die uns eine Fülle unangenehmer Überraschungen bescheren. Doch auch bei normalen Sichtverhältnissen, ohne Eis und Schnee, hat es der Tourenfahrer fast dauernd mit wechselnden Straßenbedingungen zu tun, die das Fahrverhalten nachhaltig beeinflussen. Neuere Untersuchungen an der Technischen Hochschule Darmstadt (THD) haben

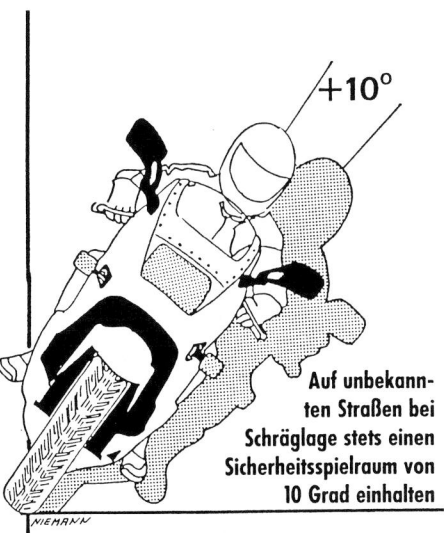

Auf unbekannten Straßen bei Schräglage stets einen Sicherheitsspielraum von 10 Grad einhalten

Abb. 4

ergeben, daß schon eine nasse Straße zu einem 40 Prozent längeren Bremsweg führt, bei heiß aufgebrachten Straßenmarkierungen sind es gar 80 Prozent und bei Blaubasalt genau das Doppelte des Bremsweges, den wir bei trockenem Asphalt benötigen. Doch nicht nur beim Bremsen, sondern auch und gerade in Kurven spielt die mögliche Haftreibung für den Tourenfahrer eine entscheidende Rolle. Die Schräglage des Motorrads wird dadurch eingeschränkt und damit selbstverständlich auch die mögliche Kurvengeschwindigkeit. Während bei trockener Fahrbahn mit einem modernen Motorrad und guten Reifen fast 50 Grad Schräglage möglich sind, reduziert sich diese schon beim Überfahren eines Zebrastreifens oder einer Mittelmarkierung um mindestens zehn Grad. Bei nasser Straße sind es gar nur noch 30 Grad, nasser Blaubasalt oder nasse Markierungen reduzieren mögliche Schräglagen auf Anfängerniveau, nämlich um 20 Grad. Bei Kurvenfahrt, vor allem bei Regen, sollten wir uns hüten, in die Nähe von Markierungen zu kommen und wenn sich das Überfahren nicht vermeiden läßt, das Motorrad so weit wie möglich aufzurichten. Aber auch bei trockener Fahrbahn bestehen zum Teil erhebliche Unterschiede in der Haftfähigkeit. Zum einen sind diese bedingt durch den Grad der Nutzung, zum anderen von dem Grad ihrer Grob- oder Feinrauhigkeit. So bietet beispielsweise der trockene Asphalt der Großglockner-Hochalpenstraße bei starkem Verkehrsaufkommen kaum mehr Haftung als eine regennasse Straße. Reifenabrieb und Dieselabgase der Touristenbusse sorgen für einen schmierigen Film. Doch nicht nur auf dieser mautpflichtigen Hochgebirgsstraße lauern solche Überraschungen.

Mehr als einmal bin ich schon nach einem Slide abgestiegen, in dem Glauben, der Reifen verliere Luft oder sei verölt, um festzustellen, daß maschinenseitig alles okay war, die Straße war der Übeltäter. Eine Chance, die möglichen Reibwerte zwischen Straße und Reifen für unser erfahrbar zu machen, besteht darin, das Hinterrad bewußt zu überbremsen. Noch besser ist es, wenn unser Tourer mit einem ABS ausgerüstet ist, denn sobald wir in den Regelbereich kommen, ist das auch eine deutliche Rückmeldung über den Zustand der Straße. Da wir jedoch nicht auf Anhieb erkennen können, mit welchem Fahrbahnbelag wir es zu tun haben, sollten wir vom un-

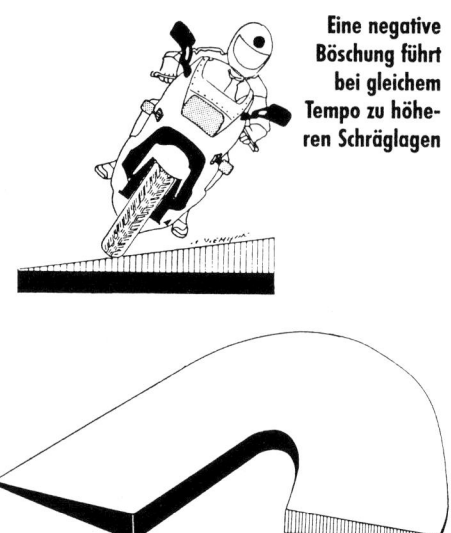

Eine negative Böschung führt bei gleichem Tempo zu höheren Schräglagen

günstigsten Fall ausgehen und die eigene Fahrweise darauf ausrichten (Abb. 2). Im Sommer sind es vor allem Rollsplitt und in ländlichen Gebieten Verschmutzungen der Straße durch Trecker und Viehtrieb, die uns das Leben schwer machen. Der Herbst beschert einen anderen, aber nicht minder gefährlichen Zustand der Straßen. So schön Laub an Bäumen aussieht, so gefährlich ist es auf der Fahrbahn. Zumeist liegt unter der sichtbaren, trockenen Laubschicht nasses Altlaub. Von der haftreibungsreduzierenden Wirkung ist diese Mischung wie Schnee: mögliche Schräglage ca. 15 Grad! Besonders gefährlich sind in diesem Zusammenhang Waldeinfahrten. Wegen fehlender Sonne und Wind halten sich die feuchten Ecken. Bedingt durch den Lichtwechsel von hell zu dunkel bemerkt der Motorradfahrer zudem eine solche Falle oft zu spät. Entsprechend groß ist dann der Schreck, der in den meisten Fällen dazu führt, daß wir uns verkrampfen und schon rutschen wir auf dem Hosenboden hinter der Maschine her. Vor allem im Herbst, wenn die Saison abgelaufen ist, bleibt das alte Helmvisier in Betrieb, die Maschine soll ja eh abgemeldet werden. Wenn dann die tiefstehende Abendsonne oder die einbrechende Dunkelheit den Motorradfahrer überraschen, kann die Blendung so stark sein, daß man überhaupt nichts mehr sieht. Während im Winter die meisten Fahrer mit Glättebildung rechnen, glauben sich viele im Herbst vor solchen Unbilden sicher. Doch bei Brücken oder Überführungen, aber auch bei Hochgebirgsfahrten kann die Fahrbahn schon an kalten Tagen vereisen. An diesen Stellen ist deshalb doppelte Vorsicht geboten. Zwar ist es heute für den Motorradfahrer Pflicht, auch am Tage mit Abblendlicht zu fahren, dennoch führt die schmale Silhouette des Zweirads immer wieder dazu, daß der Motorradfahrer von Autofahrern übersehen wird. Mit dem Motorrad muß man deshalb, gerade in unbekannten

92

Gegenden, so fahren, als sei man unsichtbar. Eine weitere Gemeinheit, die es zu beobachten gibt, sind nach außen abfallende Straßen (Abb. 4) Bei diesen Kurven muß rechnerisch die negative Böschung von der ansonsten vom Radius vorgegebenen Schräglage abgezogen werden. Im Klartext heißt das, daß wir bei gleicher Schräglage wesentlich langsamer sind wie auf einer Straße mit gerader Oberfläche.

Vor einer Urlaubsfahrt mit dem Motorrad ist das richtige Beladen des Zweirads von ausschlaggebender Bedeutung für dessen Fahrstabilität. Lose angebrachte Satteltaschen haben beispielsweise die unangenehme Eigenart zu flattern und hat man Pech, können sie sich zwischen Hinterrad und Schwinge festklemmen. Das führt nicht selten zu einer ungewollten Vollbremsung, bei der im günstigsten Fall die Satteltasche samt Inhalt verdampft wird. Deshalb sollte von vornherein ein zur Maschine passendes Gepäckzubehör Verwendung finden. Das kann der traditionelle Tankrucksack, aber auch passende Koffer oder ein Topcase sein. Auch bei korrektem Transportzubehör lassen sich beim Beladen noch Fehler machen. Laden Sie die schweren Gegenstände immer tief, um den Gesamtschwerpunkt der Maschine nicht unnötig zu erhöhen (Abb. 5).

Bremsen

Die Veränderung des Gesamtschwerpunkts ist verantwortlich für die deutliche Verschlechterung des Bremswegs (Abb. Û), nicht, wie fälschlich oft angenommen, das höhere Gewicht der Maschine. Dies spielt nur dann eine Rolle, wenn wir beispielsweise bei Paßabfahrten unsere Bremsen thermisch überlasten, so daß es zu Bremsfading kommt. Bei einer Paßabfahrt in Österreich beobachtete ich fasziniert im Rückspiegel, wie mich trotz meines recht flotten Tempos eine BMW K 100 RS mit Gepäck und zwei Personen beladen verfolgte.

Am Fuß des Berges angekommen, mußte ich auf meinen Begleiter warten, dem unser Tempo zu hoch war und der deshalb zurückgefallen war. Der BMW-Fahrer hatte ebenfalls angehalten und begann, sich am Hinterrad zu schaffen zu machen. Ich konnte es mir nicht verkneifen, seiner Beifahrerin ob ihres Mutes meine Bewunderung auszusprechen und bei dieser Gelegenheit sah ich die Bescherung: die hintere Bremsscheibe und der -sattel der BMW waren verglüht. Dieser Fall zeigt, wenn auch etwas drastisch, daß bei Zuladung mit Beifahrer und Gepäck die Bedeutung der Hinterradbremse zunimmt und die Verzögerung nicht wie im Solobetrieb hauptsächlich von der Vorderradbremse übernommen wird.

93

Zuladung

Wir sollten uns auch immer wieder bewußt machen, wie Steigung und Gefälle auf die mögliche Bremsleistung wirken. Bis zu 30 Prozent besser oder aber, was für den Tourenfahrer wesentlicher ist, schlechter kann der Bremsweg werden, wenn es ab- oder aufwärts geht. Bei den meisten Motorrädern verändert sich mit Packtaschen das Fahrverhalten in höheren Geschwindigkeitsbereichen. Die Hersteller empfehlen deshalb, mit Packtaschen 130 km/h nicht zu überschreiten. In der Tat können bei beladener Maschine und höheren Geschwindigkeiten, ausgelöst durch Seitenwind oder Überfahren von Fahrbahnmarkierungen, sehr unangenehme Pendelbewegungen um die Längsachse auftreten. Bei einigen Motorrädern führt zu starkes Beladen des Heckbereichs zu Lenkerflattern. Die Maschine sollte einen Tag vor der eigentlichen Abfahrt fertig beladen sein. Nachdem wir dann noch vollgetankt haben, sollten wir uns auf unsere Hausstrecke begeben, um uns mit den veränderten Fahreigenschaften der Maschine vertraut zu machen, denn nur dort ken-

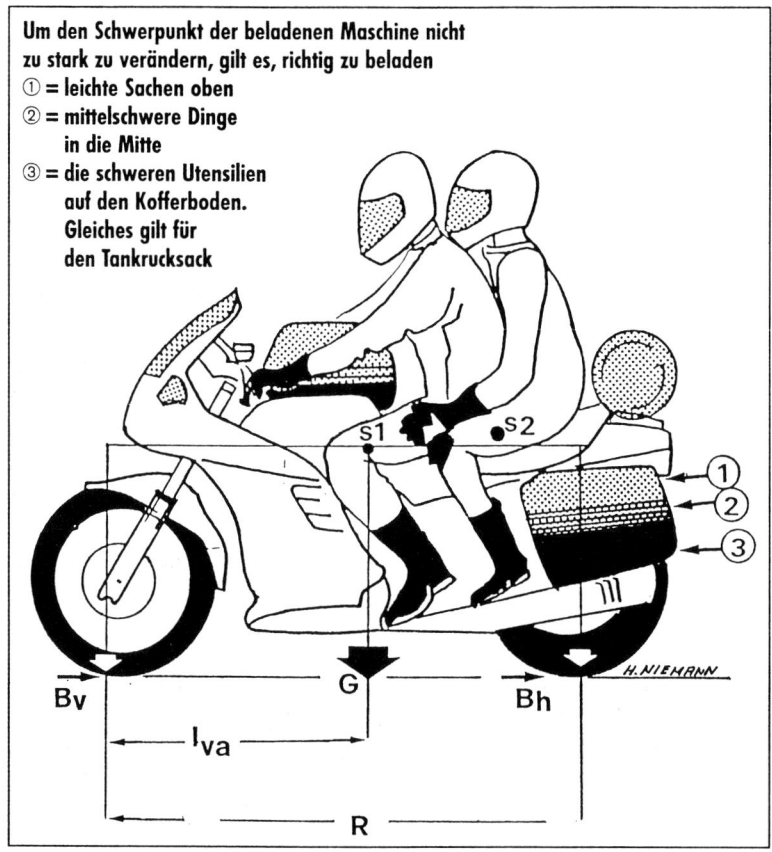

Um den Schwerpunkt der beladenen Maschine nicht zu stark zu verändern, gilt es, richtig zu beladen
① = leichte Sachen oben
② = mittelschwere Dinge in die Mitte
③ = die schweren Utensilien auf den Kofferboden. Gleiches gilt für den Tankrucksack

94

Abb. 5

nen wir das Fahrverhalten der unbeladenen Maschine. Nicht schlecht ist es ebenfalls, eine kurze Autobahnetappe in die Prüfung mit einzubeziehen, denn nichts ist unangenehmer, als nach den ersten 100 Kilometern festzustellen, daß sich die Befestigungen der Gepäcktaschen lösen.

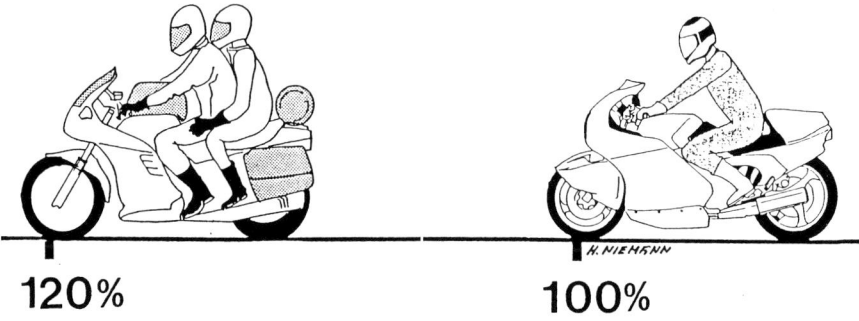

120%   100%

Abb. 6

Durch den veränderten Schwerpunk der Maschine verlängern sich die Bremswege auch bei optimaler Beladung bis zu 20 Prozent

Beim Bergfahren hat man ein Plus in der Bremsleistung bis zu 30 Prozent

Bei der Bergfahrt kann sich die Bremsleistung bis zu 30 Prozent verschlechtern

Bekleidung

Wichtigstes Utensil für den Tourenfahrer ist die richtige Bekleidung. Sie hat drei Funktionen zu erfüllen: Wetterschutz, Kälteschutz und die Schutzwirkung bei Unfällen. Noch immer ist der Lederanzug das Nonplusultra. In Verbindung mit einem Vollvisierhelm nach der ECE-

Norm, Stiefeln und Lederhandschuhen bietet er die höchste Schutzwirkung. Anzüge aus Textil- oder Kunstfaser, wie beispielsweise die Gore-Tex-Anzüge sind Leder zwar in Kälte- und Nässeschutz teilweise, nicht aber in der für den Motorradfahrer so lebenswichtigen Abriebfestigkeit überlegen. Schutz vor Knochenbrüchen und inneren Verletzungen beim Aufprall auf ein Auto oder andere feste Hindernisse bietet zwar auch der Lederanzug nicht, wohl aber eine fast hundertprozentige Schutzwirkung bei langen Rutschpartien. Im Schnitt liegt die Abriebfestigkeit der Lederanzüge mit über 50 Prozent über denen anderer Materialien. Beim Kauf sollte man allerdings auf Protektoren achten. Es gibt sie in Hartschaum- aber auch in dauerelastischer Kunststoffausführung. Sie werden an den Stellen des Anzugs angebracht, die im Fall einer Sturzes besonderen Belastungen ausgesetzt sind. Mit Handschuhen, Kombi und Helm haben Sie die Minimalausrüstung für Fahrten bei schönem Wetter. Da der Lederanzug keinen Nässeschutz bietet, braucht man noch einen Regenkombi, der über den Lederanzug gezogen wird. Diese Anzüge gibt es zu Preisen um die 100 Mark. Für den 100prozentigen Nässeschutz bedarf es dann noch Überziehstiefel und Überziehhandschuhe. Letztere gibt es als Gummiarbeitshandschuhe supergünstig in Werkzeuggeschäften. Eigentlich sollten diese immer dabei sein, denn ein noch so kurzer Schauer durchnäßt uns meist bis auf die Knochen. Selbst wenn der Regen dann aufhört, wird es mit den nassen Klamotten empfindlich kühl auf dem Motorrad. Wir sollten deshalb auch bei einsetzendem Regen sofort den Regenschutz überziehen und nicht erst warten, bis es wie aus Kübeln schüttet. Als Kälteschutz gibt es neben dem obligatorischen Nierenschutzgürtel entsprechende Unterwäsche, aber auch schon elektrisch heizbare Unterziehjacken. Hübsch und gleichzeitig wärmend sind Überziehjacken, ähnlich Skijacken, die von den Herstellern von Lederanzügen in entsprechenden Kombinationen angeboten werden. Der richtige Kälteschutz ist für den Motorradfahrer überlebenswichtig. Ausgefroren und mit klammen Fingern läßt die Fahrzeugbeherrschut erheblich nach. Die Folge: Kurvenfahrten werden unsicherer, Bremswege länger und die Konzentration sinkt ebenfalls.

Helmtip

Über den Motorradhelm muß man nichts weiter sagen, es gibt sie in allen Farben, Formen und Größen. Den Anforderungen und Normen entsprechen sie inzwischen alle, Unterschiede gibt es beim Tragekomfort und den Windgeräuschen, wobei es keine Rolle spielt, ob der Helm aus glasfaserverstärktem Kunststoff (GFK) oder aus thermoplastischen Kunststoffen gespritzt wurde. GFK-Helme sind in der Regel widerstandsfähiger gegen äußere Einflüsse wie Öl und Benzin, aber auch alterungsbeständiger als Polykarbonat-Helme. Da das Herstellungsverfahren aufwendiger ist, liegt der Kaufpreis höher. Fast ebenso wichtig ist die Qualität des Visiers - und Visiere beschlagen! Es gibt Antibeschlagmittel, um das zu verhindern, Spülmittel erfüllen den gleichen Zweck und sind günstiger. Dünn auf die Innenseite des Visiers aufgetragen, verhindert es in den meisten Fällen ein Beschlagen. Verkratzte Visiere sollten unverzüglich gewechselt werden. Bei Dämmerung oder nachts ist die Blendung des Fahrers so hoch, daß er kaum noch etwas sieht.

Empfehlenswert sind daher sogenannte kratzfeste »selbstheilende« Visiere, die eine hochelastische Oberflächenbeschichtung besitzen, aus der Kratzer wieder verschwinden. Diese Visiere halten deutlich länger als nicht kratzfeste. Getönte Visiere sollte man meiden, da sie die Sehfähigkeit bei Dunkelheit stark beeinträchtigen. Besser ist es, eine leichte Sonnenbrille zu tragen. BMW bietet ein beheizbares Visier an, für das freilich eine Anschlußkupplung an der Maschine vorhanden sein muß. Ein Beschlagen des Helms, aber auch Sichtbeeinträchtigungen durch Regenwasser gehören somit der Vergangenheit an. Eine gute Sache, die leider nur für den BMW-Systemhelm angeboten wird und zudem mit einem Preis recht teuer geraten ist. Für den Tourenfahrer empfehlenswert ist der Sonnenschirm am Helm, den es aber heute bei Integralhelmen leider kaum noch gibt.

Auch wer seine Touren »off road« plant, sollte sich mit entsprechenden Geländefahrtechniken vertraut zu machen, die aber den Rahmen dieses Buchs sprengen würden. Ein Tip dennoch: Fahren Sie mit der vollbepackten Enduro ruhig mal vor der eigentlichen Fahrt auf ein Übungsgelände und machen sich dort mit deren Fahreigenschaften vertraut. Vielleicht bleibt dann doch das eine oder andere Gepäckstück zu Hause.

IV.
Streckenanalyse

1. Fahrbahnprofile, Höhendifferenzen und Kurvenradien

Straßen haben ihre eigene Ästhetik. Im Idealfall passen sie sich der Landschaft an und erschließen diese gleichzeitig. Vor allem bei Bergstrecken bilden Straßen die Konturen einer Landschaft nach, und solche Strecken sind es, die den Reiz des Motorradfahrens ausmachen.
Den Rennfahrern hingegen erschließen sich diese Reize nur vor oder nach dem Wettbewerb, denn ob Berg- oder Rundstreckenrennen: bei beiden muß die ganze Konzentration der Strecke und den Orientierungspunkten gelten, wobei es völlig unerheblich ist, ob es sich um Straßenkurse, Bergrennen oder Rundstreckenrennen auf permanenten Kursen handelt.

Rundstreckenrennen auf abgesperrten öffentlichen Straßen gibt es bei uns fast nicht mehr. Straßenkurse sind neben ihrer zumeist faszinierenden Schönheit leider auch sehr gefährlich. Sie haben keine Sturzräume und Auslaufzonen, wie bei permanenten Rennstrecken üblich. In Jicin in der CSFR fuhr man an gußeisernen Zäunen vorbei, hinter denen die Menschen auf ihren Gartenstühlen saßen und den Rennverlauf beobachteten. Während des Trainings lief schon einmal ein Huhn über die Straße. Heute ist die TT auf der Isle of Man eines der letzten großen klassischen Straßenrennen. Heute gibt es neben den permanenten Strecken nur noch die Flugplatzrennen.
Bei Bergrennen, wie sie heute vor allem bei den nationalen Lizenz fahrern üblich sind, handelt es sich um klassische Straßenrennen mit allen ihren Vor- und Nachteilen. Am Berg aber fährt man gegen die Uhr und kann so wenigstens sein Risiko weitgehend selbst bestimmen. Der Fahrbahnbelag besteht bei Rennkursen zumeist aus Asphalt, in den selteneren Fällen sind es exotische Bitumenmischungen oder gar Kopfsteinpflaster.

Massenstart beim Rundstreckenrennen mit stehendem Motor, d. h. die Maschine muß angeschoben werden. Heute geht man immer mehr zu einem Start mit laufendem Motor oder sogar zu einem fliegenden Start über. Der Grund: Viele Fahrer empfinden den Start mit laufendem Motor als sicherer.

Start am Berg ist immer Einzelstart in Minutenabstand. Auch bei Rundstreckenrennen findet sich manchmal Ähnliches. So bei der TT, bei der paarweise in Zeitabständen gestartet wird.

So, den schlimmsten Teil der
Strecke hätten wir hinter uns.

Noch vor einigen Jahren war das Bremerhavener Fischereihafenrennen ein Prädikatslauf, d.h. wer Meisterschaftspunkte wollte,
mußte dort fahren; die Strecke hatte Kopfsteinpflaster. Als besonderer Leckerbissen war dieses Pflaster, durch den Fischleim höllisch
glatt, auch noch mit Schienen durchzogen. Wenn es regnete, dann
gute Nacht!
Ich sah die ersten Regentropfen noch nicht auf meinem Helmvisier,
als die Mühle schon ekelhaft querging. Dem Rennen, das bei strömenden Regen stattfand, wohnte ich als Zuschauer bei. Die anderen Fahrer, die in der Meisterschaft noch ein Wörtchen mitzureden
hatten, waren trotz gegenteiliger Absprache an den Start gegangen.
Im Rennen fielen dann pro Runde zwei Mann auf die Nase, und
gewonnen hat einer mit einer Serien-Yamaha. Kopfsteinpflaster als
Belag einer Rennstrecke ist mehr für die Moto Cross Fahrer, die ja
mit ihren straßenbereiften Maschinen oft in Bremerhaven gewan-
nen. Heutzutage werden solche Straßenspezialitäten nur noch selten bei Rennen serviert.
Da liegen die Probleme anders. Gleiche Belagqualität vorausgesetzt, hängt die mögliche Kurvengeschwindigkeit unter anderem
vom Straßenprofil ab. Es lassen sich immer wieder vier Typen finden:

        1. ebene Straßenfläche der Kurve
        2. überhöhte Kurve
        2. nach außen abfallende Kurve
        4. stark gewölbte Fahrbahn

100

Kopfsteinpflaster und als Querrinnen zugeteerte Straßenbahnschienen, das gab es in dieser Kombination wohl auf keiner anderen Rennstrecke der Welt: das Bremerhavener Fischereihafenrennen. Es ist offensichtlich, wie behutsam die Aktiven zu Werke gehen.

Dränage als Querrinne, da heißt es rechtzeitig das Knie einziehen!

Ebene Straßenfläche

Straßen mit ebenem Profil in der Kurve waren Grundlage unserer bisherigen Betrachtungen. Im Gegensatz dazu erfordern unterschiedliche Böschungen (Neigung der Straße), ob positiv oder negativ, spezielle Betrachtung.

Überhöhte Kurve

Nimmt man eine Kurve mit ebener Oberfläche als Ausgangspunkt, so können überhöhte Kurven grundsätzlich schneller gefahren werden. In den 30er Jahren waren Überhöhungen von Kurven, sogenannte Steilkurven, gebräuchlich, etwa die berühmt/berüchtigte Steilkurve der alten Avus. Heute befindet sich eine extreme Überhöhung noch am Karussell auf der alten Nürburgring-Nordschleife. Steilwandkurven ermöglichen extreme Kurvengeschwindigkeiten, die den Fahrer so hohen Belastungen aussetzen können, daß kurzzeitige Blackouts möglich sind. Dieser Kurventyp findet sich deshalb auch nur noch auf Teststrecken der Automobilindustrie. Solche Steilkurven sind konstruktiv zumeist so ausgelegt, daß auch bei kurzzeitig bewußtlosem Fahrer der Wagen die Kurve noch sicher durchläuft.

Bei Motorradrennen auf heutigen Rennkursen hat man es zumeist mit einer einfachen Überhöhung der Fahrbahn zu tun. Aber auch die

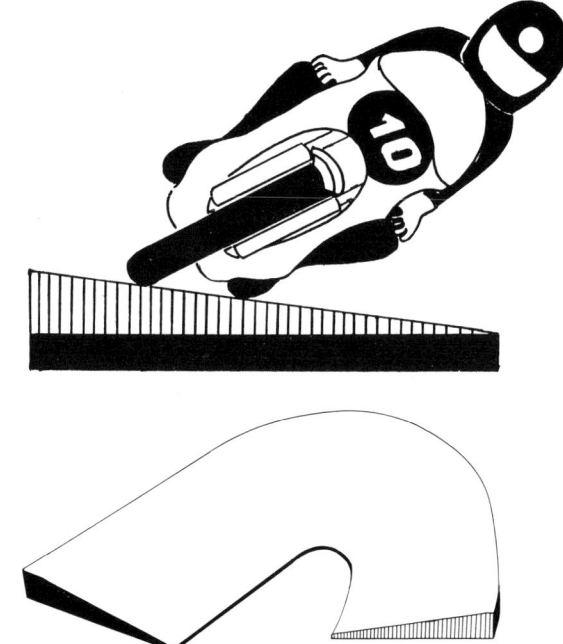

Überhöhte Kurve

102

ermöglichst schon ein gewaltiges Plus an Speed. Das liegt an der Addition von Neigungswinkel des Motorrads und der Gradzahl, mit der die Fahrbahn geneigt ist;
Schräglage des Motorrads = 30°, Neigungswinkel der Kurve = 25° heißt, daß die für die Berechnung der in der Kurve möglichen V/max die Gradzahl 30°+25° = 55° beträgt. Die Formel dazu lautet:

$$V = 11{,}27 \sqrt{R \cdot tg(A + B)}$$

Der Sachverhalt läßt sich auch in Form eines Diagramms darstellen, aus dem der prozentuelle Gewinn, das Mehr an Geschwindigkeit, direkt abgelesen werden kann (Abb.). Wie aus der Tabelle zu ersehen, wird auch bei geringer Straßenneigung (Böschung) ein erstaunlicher Geschwindigkeitszuwachs verzeichnet. Schon bei 15° Böschung können bei nur 40° Schräglage 40 Prozent Geschwindigkeitszuwachs erzielt werden.
Nun nutzen diese ganzen theoretischen Überlegungen beim Fahren zunächst einmal gar nichts (wir kennen ja in den seltensten Fällen die Böschung der Straße, auch der Zahlenwert der eigenen Schräglage ist uns fremd). Viel wichtiger ist es, daß die Neigung der Straße (Böschung) ein psychologisches Hemmnis für die eigene Schräglage darstellt, das es zu überwinden gilt. Vor allem bei Steilkurven (Karussell/Nürburgring) neigt der Fahrer dazu, nicht wesentlich über die Schräglage hinauszugehen, die er ohnehin durch die Straßenneigung einnimmt. Um aber schnell zu sein, muß die Schräglage der Maschine in demselben Maß verwirklicht werden, wie bei ebener Straßenoberfläche (Addition von Böschung und Neigung der Maschine). Auch unsere subjektiven Schräglagenmesser (Fuß, Knie, aufgesetzte Maschinenteile) erhalten in Steilkurven, aber auch in überhöhten Kurven früher Bodenkontakt. Durch die höheren Zentrifugalkräfte bedingt, wird die Maschine tiefer in die Federn gepreßt, so daß sich die Gesamthöhe der Maschine im Augenblick der Kurvendurchfahrt entscheidend verringert (bei einem Maschinengewicht + Fahrer von 210 kg und einer theoretischen Neigung von 45° erhöht sich das Gewicht von Mensch und Maschine um 87 kg,

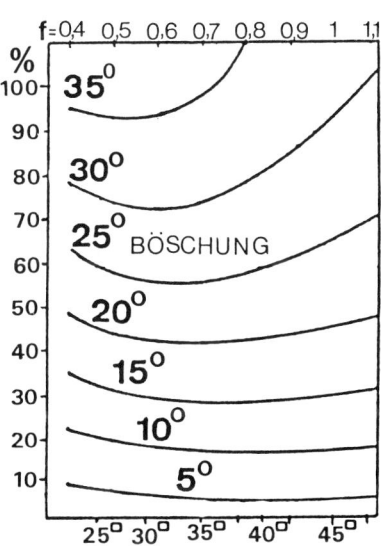

Elefantentreffen

d.h. das Gesamtgewicht beträgt dann 297 kg). Bei einer Böschung von 30° und gleicher Schräglage beträgt die Gewichtszunahme bereits nun 210 kg + 573 kg = 783 kg. Bei einer solchen Belastung liegt die Federung der Maschine am Anschlag, und ihre Höhe ist entsprechend reduziert. Der Unterschied zum ausgefederten Zustand läßt sich anschaulich machen, indem man die Maschine voll einfedert und diesen Zustand dann fixiert.

Nach außen abfallende Kurve
Nach außen abfallende Kurven müssen langsamer durchfahren werden. So wie sich diese bei einer Überhöhung zu der Schräglage der Maschine hinzu addiert, muß jetzt die negative Böschung von der Schräglage abgezogen werden (Neigung der Maschine 45°, die Kurve fällt um 10° nach außen ab, d. h. die effektive Schräglage für die Berechnung der maximalen Kurvengeschwindigkeit beträgt nur noch 35°). Im Klartext heißt das: nach außen hängende Kurven sind eine üble Sache!
Zumeist wird die vorhandene Neigung der Kurve durch den Fahrer nur schwer wahrgenommen, so verläßt man sich auf die im »Computer« gespeicherten Daten betreffs Neigung und Speed, und ehe man sich's versieht, liegt man auf der Nase, ohne genau zu wissen warum. Vor allem wenn die Straße beginnt zum Straßenrand hin abzufallen, ist Vorsicht geboten, denn gerade in der Beschleunigungsphase ist ja der maximale Grip notwendig.
Bei der nach außen abfallenden Straße hat der Fahrer stets das Gefühl, eigentlich viel zu langsam zu fahren. Er darf sich aber dadurch keinesfalls verleiten lassen, schneller zu fahren. Um einen Zeitgewinn zu erzielen, sind langsame (bis 100 km/h) nach außen

104

hängende Kurven die schlechteste Gelegenheit - um auf die Nase zu fallen, die beste.

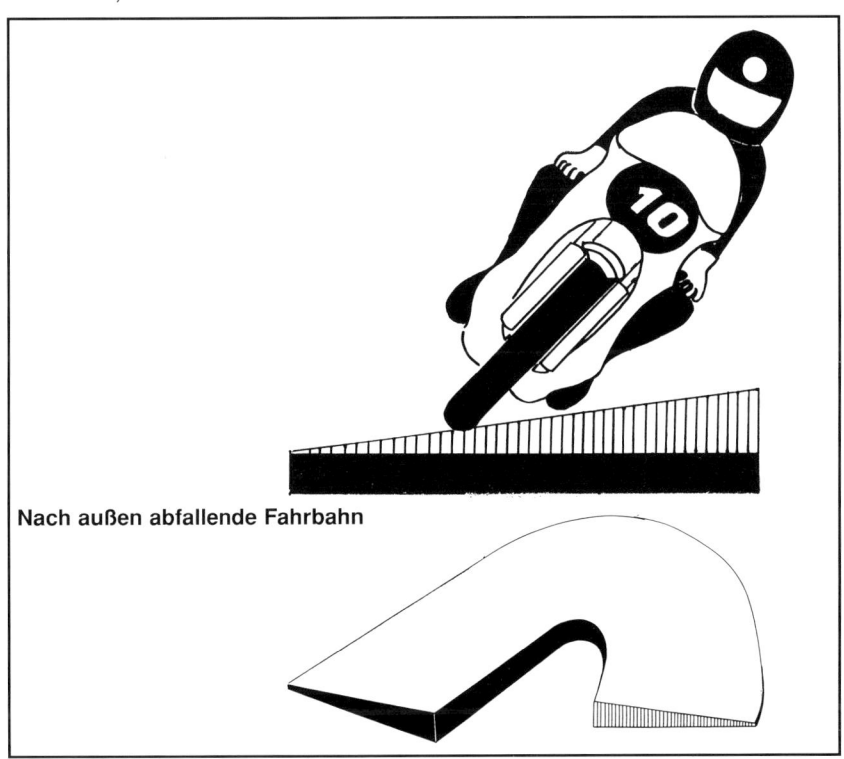

Nach außen abfallende Fahrbahn

Stark gewölbte Fahrbahn
Ein besonderes Ärgernis sind Kurven, deren Neigung sich verändert. Als ich auf dem schönen Stadtkurs von Barcelona hinter zwei Engländern herfuhr, wunderte ich mich, warum die beiden in einer schnellen Linkskurve nicht ganz so zügig fuhren, wie mir das möglich erschien. Als ich in der folgenden Runde an den beiden an besagter Stelle vorbei wollte, wurde mir alles klar: meine Maschine stellte sich in der Mitte der Kurve urplötzlich quer, und ich verdanke es meinem Schutzengel, nicht böse hingefallen zu sein. Was war passiert? Nach einer Bodenwelle fiel die Straße plötzlich nach außen ab. Die Maschine war durch die Welle zuerst leicht angehoben worden und dann auf die schräge Fläche geraten, die ein nochmaliges Tiefergehen erforderlich machte, das in einen Rutscher mündete. Die Konsequenz: das Hinterrad verlor die Haftung vollends, und die Yamaha wollte sich verabschieden.
Bei Straßen, die stark gewölbt sind, hat man im Kurvenscheitelpunkt

noch eine Kurve mit einer deutlichen Überhöhung, am Kurvenende hingegen fällt die Fahrbahn ab: die Kräfte, die vom Reifen übertragen werden, nehmen genau in dem Moment drastisch ab, in dem sie dringend gebraucht werden. In der Beschleunigungsphase. Die Folge davon kann ein Sturz oder bösartiger Schlenker sein. Im Falle einer negativen Neigung am Kurvenende kann es von Vorteil sein, die Kurve nicht ganz auszufahren und sich nicht hinaustragen zu lassen, um nicht in den abfallenden Teil der Straße zu gelangen.

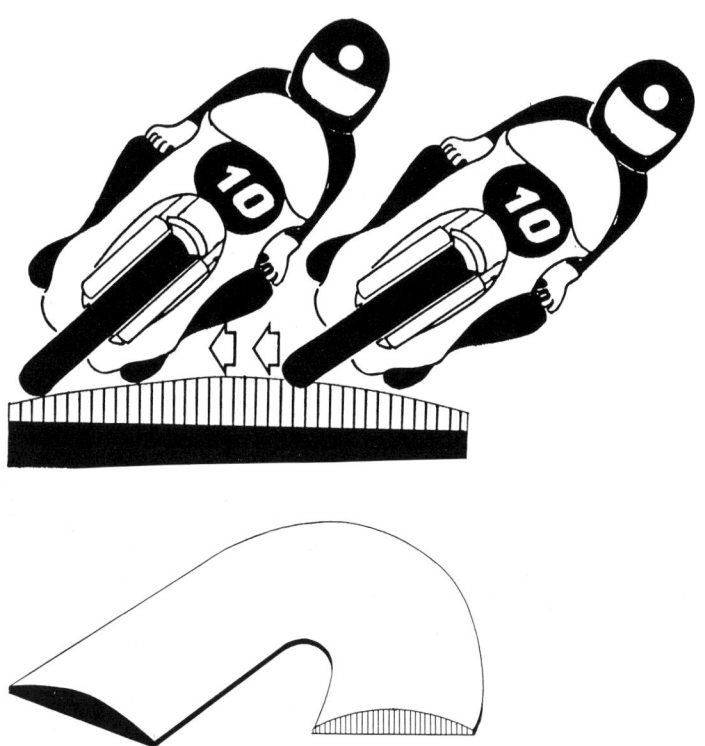

Stark gewölbte Fahrbahn mit sich veränderndem Profil

Eine Straße und drei verschiedene Beläge. 1 = Asphalt, 2 = Farbe, 3 = Kopf-steinpflaster. Braun und Read halten respektvoll Abstand vor den glatten Straßenteilen. (1 = Read, 16 = Braun)

Die 22 hat die Bodenwelle noch vor sich, hat sich aber schon aufgerichtet. Walter Hoffmann ist da schon mutiger, er geht die Sache mit full speed an.

Strohballen als Pistenbegrenzung können dem Knie des Fahrers sehr gefähr-
lich werden. Billi Nelson verlor auf diese Weise sein Leben, er blieb mit dem
Knie an einem Strohballen hängen und kam dadurch zu Fall. Braun hält
Abstand und hat die »Fühlerlehre« eingezogen.

2. Kurven, Ideallinie

Im Gegensatz zum Verkehrsteilnehmer, der brav die Kurve auf seiner Straßenseite durchfährt (denn es ist ja noch mit Gegenverkehr
zu rechnen), fährt der Rennfahrer auf jener Linie, die Höchstgeschwindigkeit zuläßt, der Ideallinie.
Die Ideallinie ist der Kurvenverlauf, der es gestattet, ein möglichst
hohes Tempo zu fahren, und zwar nicht nur im Hinblick auf die eine
Kurve, sondern auch im Blick auf die ganze Strecke, die es ja in
möglichst kurzer Zeit zu umrunden gilt. So kann es durchaus vorkommen, daß eine Kurve langsamer gefahren werden muß als es
möglich wäre, um eine nachfolgende Kurve bzw. Kurvenkombination
optimal zu erwischen.
Normalerweise wird die Ideallinie diejenige Fahrspur sein, die den
größtmöglichen Spurradius aufweist; eine Rechtskurve wird von
links außen angefahren, das Motorrad zum Kurvenscheitelpunkt hin

gesteuert und anschließend die Kurve so verlassen, daß man sich wieder ganz zum linken Fahrbahnrand hinaustragen läßt.

Daß eine Ideallinie auch ganz anders aussehen kann, wurde mir während eines wilden Trainings zu einem Bergrennen durch einen Mitbewerber klargemacht. Der gute Mann kam vom Grasbahnsport und war erst kurze Zeit im Lager der Straßenrennfahrer. Er unterlag somit auch nicht jenen unter Straßenrennfahrern üblichen Klischees von Ideallinie und Kurventechnik. Bei dieser Bergstrecke bei Bamberg war kurz vor der Ziel ein ekelhafter 90°-Knick, auf den man auch noch mit gehörigem Tempo zubrauste. Die Kurve war zudem so langsam, daß der erste Gang nicht paßte und so die ganze Kurvenfahrt ein furchtbares »Herumgeeiere« war. Für diese Kurve fand der Bahnspezialist nun eine ganz eigene Lösung. Er bretterte mit allem was die Maschine hergab auf die Kurve zu, machte eine barbarische Notbremsung bis zum völligen Stillstand, packte dann die Maschine am Lenker und versetzte sie um 90°, um sie, volles Rohr, aus dem Stand wieder zu beschleunigen. Ob Sie es glauben

oder nicht: mit dieser Methode war er viel schneller als mit der konventionellen Kurvenfahrt. Er gewann an diesem Wochenende überlegen seine Klasse. Natürlich habe ich das auch nachgemacht. Was dachten Sie denn? Leider hatte mich aber der Kupferwurm heimgesucht, und ich fuhr von Motoraussetzern geplagt den Berg hinauf. Für einen fünften Platz hat es aber dank der Tricks mit dem Herumheben doch noch gelangt.

Und was lernen wir daraus? Ideallinie ist nicht gleich Ideallinie. In den meisten Fällen entspricht sie zwar schon dem Spurradius, aber eben nicht in allen.

Eine Komponente, die dafür entscheiden ist, ist die technische Weiterentwicklung der Motorräder. Es ist einleuchtend: über je mehr Leistung ein Motorrad verfügt, desto schwieriger ist es, diese in Schräglage im Vortrieb umzusetzen. Das führt vor allem in der 500er Klasse bei Maschinenleistungen von bald 200 PS dazu, die Maschinen während des Beschleunigungsvorgangs möglichst gerade zu halten. Ein Vorreiter dieser Fahrtechnik war der Amerikaner Freddy Spencer, der als einer der ersten begann, die Kurven in einer so eigenwilligen Linie zu fahren, daß es ihm möglich war, die Maschine in der Brems- und Beschleunigungsphase weitgehend gerade zu halten. Den Beschleunigungsvorgang darf man sich in diesem Fall jedoch nicht ruhig und kontinuierlich vorstellen. Wer jemals gesehen hat, wie wild Spencers Maschine schleuderte, ohne daß Freddy das Gas wegnahm, fühlt sich an einen Fahrer erinnert, der schon vor Jahren Ähnliches bot: Bill Ivy. Auch der kleine, immer verbissen fightende Engländer fuhr seine 250er Vierzylinder-Yamaha in fast gleicher Manier. Damals sprach man vom Anfang eines Powerslide auch bei den Motorrädern, also einer gewollten und durch das Gas gesteuerten Querfahrt. Durch das abdriftende Hinterrad wurde die Maschine gesteuert. Auch Ivy zeigte dabei jenen eckigen Fahrstil, der es vermied, die Maschine lange in Schräglage zu halten. Nach Beendigung des Bremsvorgangs wurde die Maschine abrupt abgewinkelt und dann sofort das Gas wieder aufgemacht. Dadurch hat der Fahrer am Kurvenausgang eine so hohe Geschwindigkeit, daß es einem Konkurrenten nicht mehr möglich ist, vorbeizukommen.

Diese Fahrtechnik scheint immer dann zum Einsatz zu kommen, wenn das Verhältnis von Reifen und Motorleistung in keinem guten Verhältnis mehr steht. Auch Ivys Yamaha hat mit ihren 75 PS die Haftung der schmalen und harten Dunlop-Reifen deutlich überfordert, denn mit der 125 cm³ Maschine, die ja mit der größten fast baugleich war, praktizierte Bill diesen Fahrstil nicht.

Oben erwähntes Beispiel des »Herumhebens« des Motorrads in der Kurve geht nur in ganz langsamer Kurve, und auch nur in diesem Beispiel bestehen hundertprozentige Idealbedingungen, nämlich ein geradestehendes Motorrad beim Brems- wie beim Beschleunigungsvorgang. Sobald die Sache schneller wird, gerät eine Kurvenfahrt bei dieser Fahrtechnik zu einem kontrollierten und kontinuierlichen Slide, oder aber zu einer Aneinanderreihung von vielen kleinen Slides und Rutschern.

Obwohl die möglichen Kurvenformen unendlich groß sind, lassen sich sechs typische Vertreter beschreiben:
1. Rechtskurven
2. Linkskurven
3. Kurven mit sich verengendem Radius
4. Kurven mit sich erweiterndem Radius
5. S-Kurven
7. Doppel- und Dreifachkurven

Rechts- und Linkskurven
Erfahrungsgemäß fallen Linkskurven den meisten Motorradfahrern leichter als Rechtskurven. Warum das so ist, hat die Wissenschaft bis zu diesem Zeitpunkt noch nicht untersucht. Auch mir gelang es immer nur links herum mein Knie auf den Boden zu bringen. Prinzipiell ist aber bei Links- und Rechtskurven die Fahrtechnik identisch. Von der Straßenaußenseite steuert der Fahrer den Apexpunkt an, um von dort aus die Maschine zu beschleunigen und sich erneut zum Straßenrand nach außen tragen zu lassen. Dabei ist es wichtig, die Kurve auszufahren, die Maschine darf also keinesfalls zu früh aufgerichtet werden. Man würde dann die Kurve auf der Linie 3 verlassen, hätte aber nicht das Optimum an Speed realisiert. Besser ist es, beim Durchfahren der Kurve bei maximaler Schräglage sich über die Linie 1 und 2 bis zur 3. Linie vorzutasten. Erst dann ist die Grenze erreicht (Abb. 1).
Kurven sind die Punkte an einer Rennstrecke, wo Sie das Maximum an Konzentration brauchen. Da Sie nicht dauernd unter voller Anspannung fahren können, müssen Sie gezielt zwischen Spannung und Entspannung variieren.
In der Anbremszone, während der Einfahrt und Durchfahrt durch die Kurve müssen Sie voll da sein (Konzentrationsniveau 100 %). Schon während der anschließenden Beschleunigung in Geradeausfahrt sollten Sie versuchen, sich zu entspannen (75%), denn nur so ist gewährleistet, daß Sie in den entscheidenden Streckenstücken über 100 % Ihrer Konzentration über die volle Zeitdauer eines Rennens verfügen (Abb. 2).
Der Kurvenradius, eng oder weit, trennt im Hinblick auf die gefahrene Geschwindigkeit nicht nur Anfänger und gute Fahrer, sondern ebenso den durchschnittlichen vom sehr guten Rennfahrer. Der

1

In dieser S-Kurvenkombination geht die Fahrt von Apexpunkt zu Apexpunkt: Kurvenschneiden. In dem kurzen Augenblick, da die Maschinen zwischen beiden Kurven geradestehen, setzten sich die Piloten um.Das Resultat ist oben zu sehen, er hebt mit beiden Rädern ab.

2

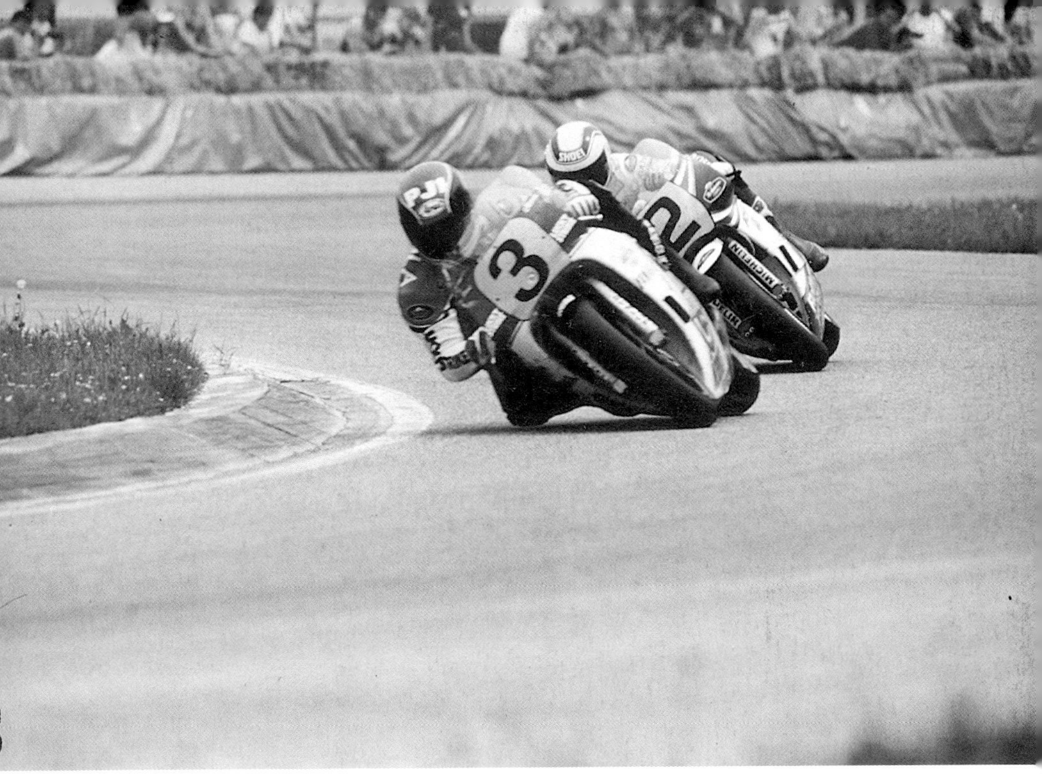

3

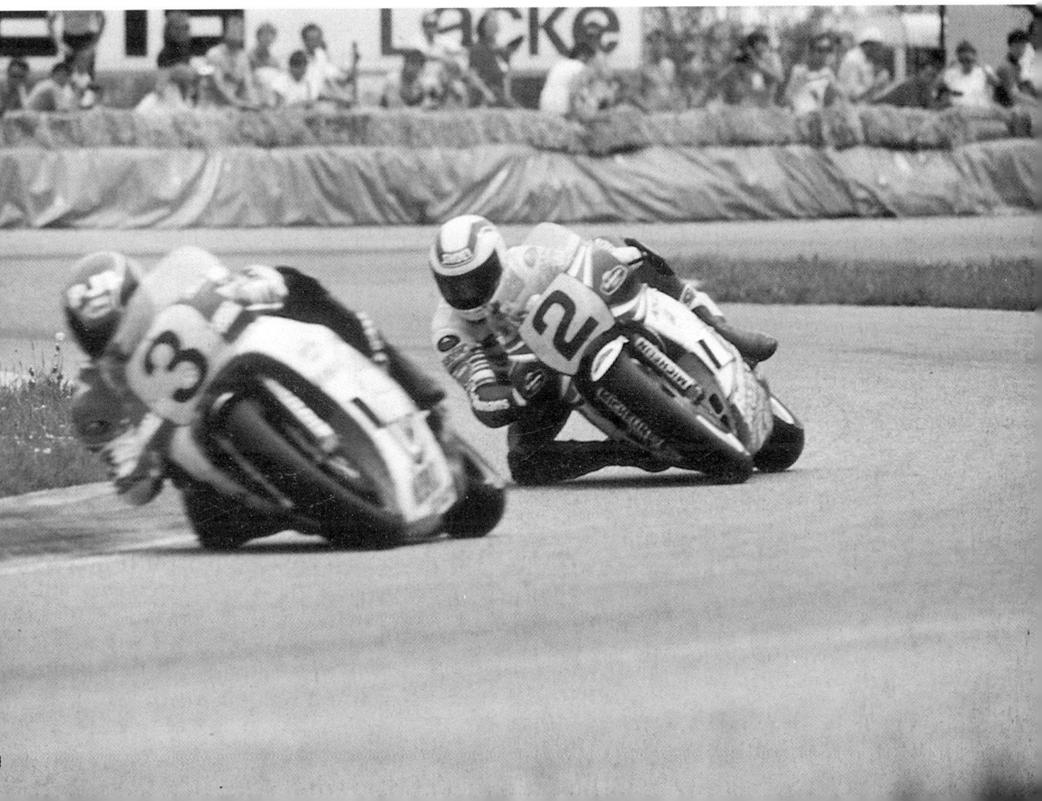

4

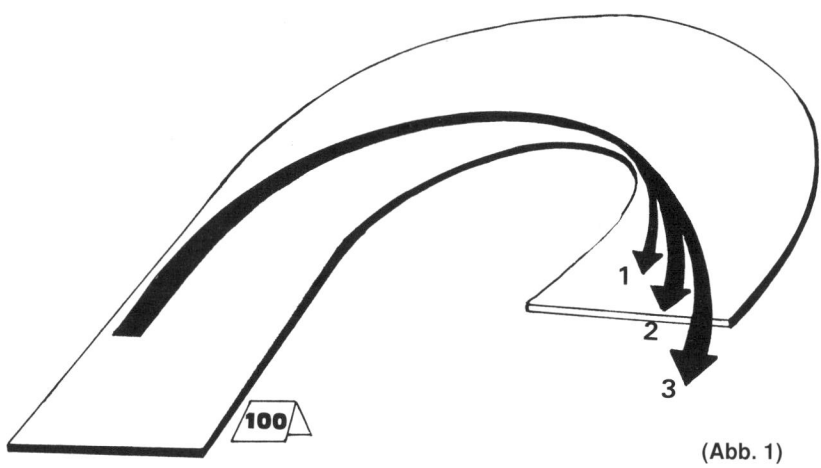

(Abb. 1)

wirklich schnelle Mann ist vor allem in den Kurven mit den weiten Radien flotter als die anderen unterwegs. In langsamen Kurven kann manchmal sogar ein Nachwuchsfahrer schneller als ein Spitzenmann sein, nur bringt ihm das für die Rundenzeit nicht viel. Der mögliche Zeitgewinn liegt in den schnellen Runden.

Kurven mit sich verengendem Radius

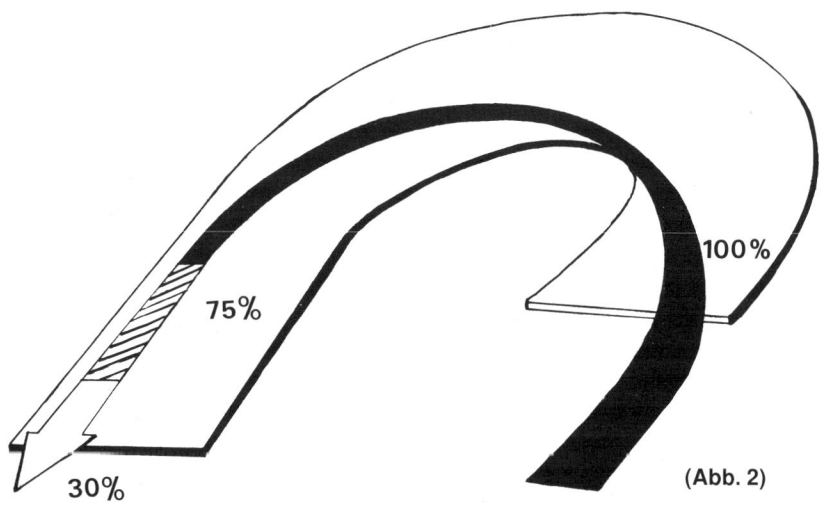

(Abb. 2)

Kurven mit sich verengendem Radius haben einen sehr weit zum Kurvenende hin verschobenen Scheitelpunkt. Wer in sie zu früh hineingeht, hat kaum eine Chance, heil herauszukommen. Die Kurve »macht zu«, wie es im Insiderjargon heißt. Man muß sehr lange

114

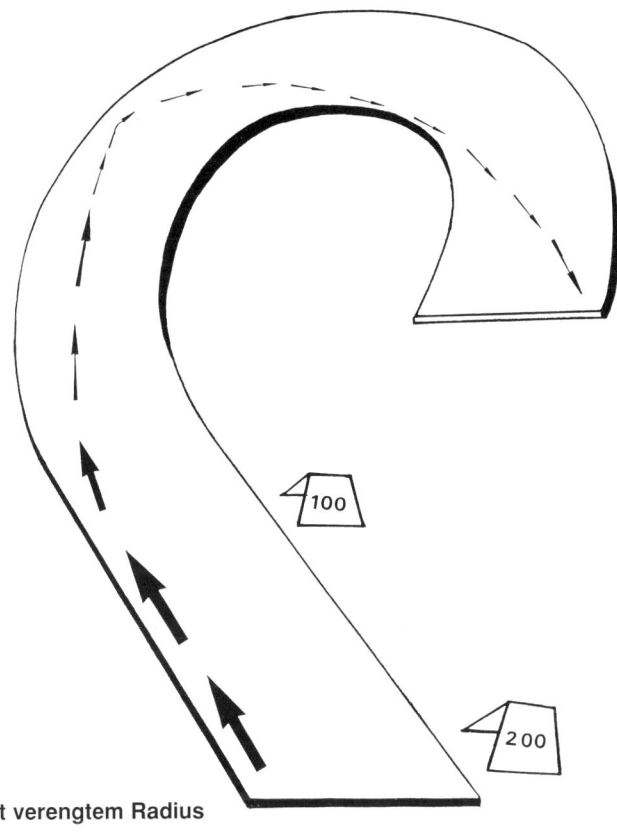

Kurve mit verengtem Radius
(Abb. 3)

außen bleiben, bevor die Maschine abgewinkelt werden kann (Abb. 3). Den Orientierungspunkt für die Kurve bildet der langsame Teil, der Kurvenausgang. Bei diesem Kurventyp hat der Fahrer meist das Gefühl, eigentlich zu langsam zu sein und daß es doch schneller gehen müßte. Am besten wird die Maschine während des Anbremsvorgangs so lange wie möglich geradegehalten, um sie dann entschlossen abzuwinkeln. Gerade bei diesem Kurventyp besteht die Gefahr, beim harten Anbremsen in Schräglage zu kommen, und infolgedessen rutscht das Vorderrad weg! Dieser Kurventyp wird oft auch Motorradfahrern im Straßenverkehr zum Verhängnis, die sich über den Kurvenverlauf täuschen lassen, zu früh in die Kurve steuern, in der Annahme, eine langgezogene Kurve vor sich zu haben und dann für den tatsächlichen Kurvenverlauf zu schnell sind (Abb. 4).

Bei Kurven, die in Wirklichkeit zwei verschiedene Radien haben und so eigentliche eine Doppelkurve bilden, kann es ratsam sein, die Kurve unter Berücksichtigung beider Apexpunkte zu fahren (Abb. 5). Liegt der langsamere Kurventeil am Ende, so kann das bedeuten,

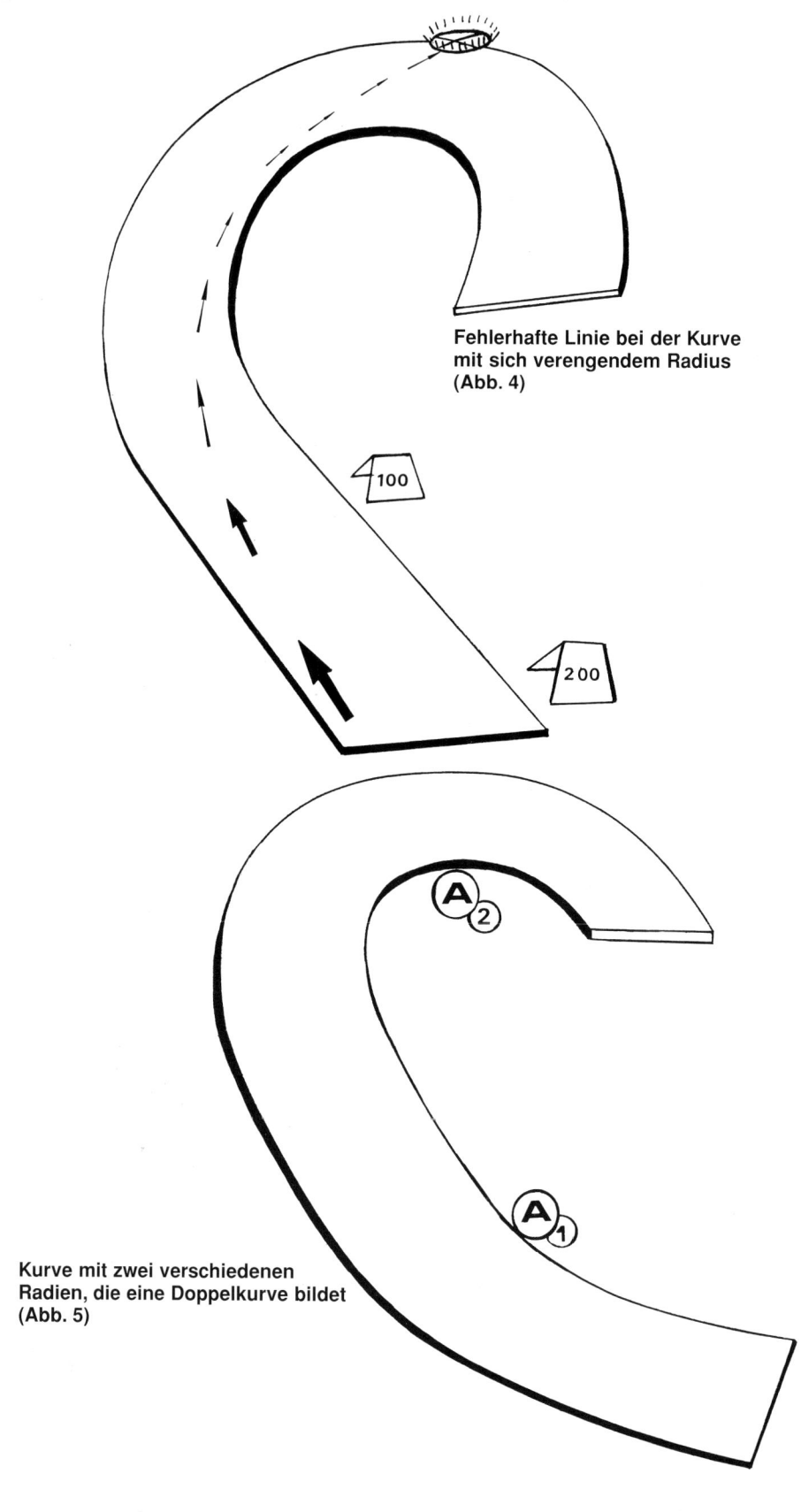

Fehlerhafte Linie bei der Kurve
mit sich verengendem Radius
(Abb. 4)

100

200

A 2

A 1

Kurve mit zwei verschiedenen
Radien, die eine Doppelkurve bildet
(Abb. 5)

daß das Motorrad kurz aufgerichtet wird, bevor die Kurvenfahrt des zweiten Teils eingeleitet wird.

Kurven mit sich erweiterndem Radius
Im Gegensatz zu Hundekurven halten Kurven mit sich öffnenden Radien keine Gemeinheiten für uns parat. Andererseits gilt es gerade bei diesem Kurventyp, einige Feinheiten zu beachten, um wirklich optimal schnell hindurch zu fahren. Der Apexpunkt, den es anzusteuern gilt, liegt bei diesen Kurven im ersten Drittel. Wenn Sie den Apexpunkt genau ansteuern, dürften nach dem Passieren keine Steuerkorrekturen mehr erforderlich sein. Vielmehr muß es mit Vollgas, wie an der Schnur gezogen, aus der Kurve hinausgehen. Auf die saubere Linie muß man deshalb bei diesem Kurventyp besonders achten, da er scheinbar Fehler verzeiht, es läßt sich also gut am Kurvenausgang »zaubern«, ohne daß das Gefühl aufkommt, zu langsam zu sein.
Dieser Kurventyp eignet sich hervorragend, um sich mit dem »sliding« durch Powerslide vertraut zu machen. Da nach dem Passieren des Apexpunktes voll beschleunigt werden kann (zu einem Zeitpunkt also, zu dem wir uns in maximaler Schräglage befinden - und auch die volle Antriebskraft auf das Hinterrad wirkt), läßt sich die

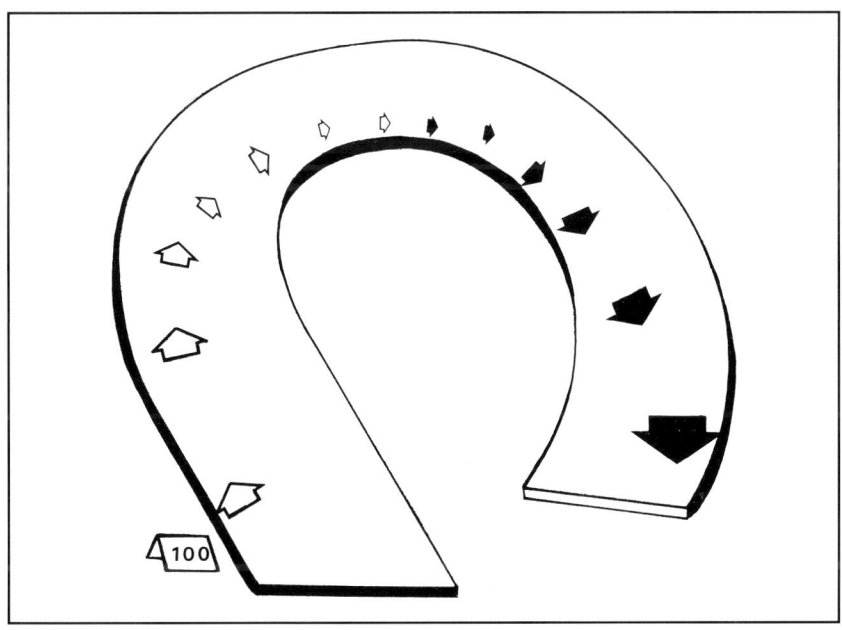

Eine sich öffnende Kurve. Beim Powerslide wird ab den schwarzen Pfeilen Vollgas gegeben (Abb. 6)

Maschine leicht in einen kontrollierten slide bringen (siehe Abb. 6) von den schwarzen Pfeilen an wird voll beschleunigt). Wenn Ihnen das gelingt, müssen Sie sich keine Gedanken mehr darüber machen, ob Sie am Kurvenausgang eventuell überholt werden, da durch keine andere Fahrtechnik mehr Speed erzeugt wird.

Beherrschen Sie andererseits diese Fahrtechnik nicht perfekt, werden Sie sich immer wundern, warum Sie bei Kurven mit sich öffnenden Radien den Kürzeren ziehen.

S-Kurven und Kurvenkombinationen

S-Kurven und Kurvenkombinationen müssen rhythmisch durchfahren werden, dabei ist das Timing von entscheidender Bedeutung.

Die anschließenden Kurven müssen »passen«, die erste Kurve muß im Hinblick auf die folgenden Kurven gefahren werden. Damit Sie die Zweifach- oder Mehrfachkurven optimal fahren können, muß sich die Ideallinie an der letzten Kurve ausrichten. Ähnlich dem Trialfahrer, der seine Sektion auch von hinten aufrollt, um eine optimale Linie zu finden, müssen Sie Ihren Fahrplan genau umgekehrt festlegen, von hinten nach vorn.

Bei schnellen Kurvenkombinationen werden Steuerbewegungen in wechselnden Kurvenfolgen durch eine konstruktive Besonderheit der Maschinen erschwert. Diese sind bei voll ausgefederter Gabel von der Lenkgeometrie auf maximale Stabilität beim Geradeauslauf ausgelegt (großer Nachlauf). Beim Einfedern ändert sich nun der Nachlauf so, daß die Handlichkeit des Motorrads größer wird. Beim Anbremsen der Kurve, kurz vor dem Einlenken, ergibt sich so ein optimales Handling (kleiner Nachlauf). Beim Herausbeschleunigen, wenn die Maschine vorn ausfedert, vergrößert sich der Nachlauf wieder, und die Maschine wird stabiler. In schnellen Kurvenwechseln, die mit Vollgas gefahren werden können, läßt das die Maschine sehr störrisch auf Lenkbefehle reagieren. Abhilfe schafft ein kleiner Trick: Unmittelbar vor der Lenkbewegung gehen wir kurz vom Gas, und das dadurch hervorgerufene minimale Eintauchen der Gabel sorgt für die gewünschte Handlichkeit des Motorrads.

Kurven fahren in welchem Gang?

Viele vertreten die Ansicht, daß beim Einfahren in eine Kurve der gerade eingelegte Gang völlig unbedeutend sei, er spiele erst beim Beschleunigen eine Rolle.

Daß das nicht stimmen kann, dürfte jeder von uns schon einmal am eigenen Leib verspürt haben, nämlich dann, wenn der Gang ungewollt vor der Kurve herausspringt und wir versehentlich den Leerlauf erwischt haben. Das Motorrad macht dann einen instabilen Eindruck, und der täuscht auch nicht: So wie der dosierte Einsatz der Hinterradbremse stabilisierend auf das Motorrad während eines Bremsvorgangs wirkt, so wirkt auch die Bremswirkung des Motors. Deshalb ist die beste Gelegenheit zum Herunterschalten kurz vor Ende des Bremsvorgangs (Abb. 7). Dabei merkt sich der Fahrer nicht den Gang, in dem er die Kurve fährt, sondern wie oft er herunterschaltet, ob er ein-, zwei- oder mehrmals auf den Schalthebel tritt. Bei extremem Geschwindigkeitswechsel und sehr guten Bremsen kann die Zeit zum Herunterschalten knapp werden.

Bei einem Straßenrennen in der damaligen CSSR passierte es mir bei einem Ausbremsmanöver am Ende einer Hochgeschwindigkeits-

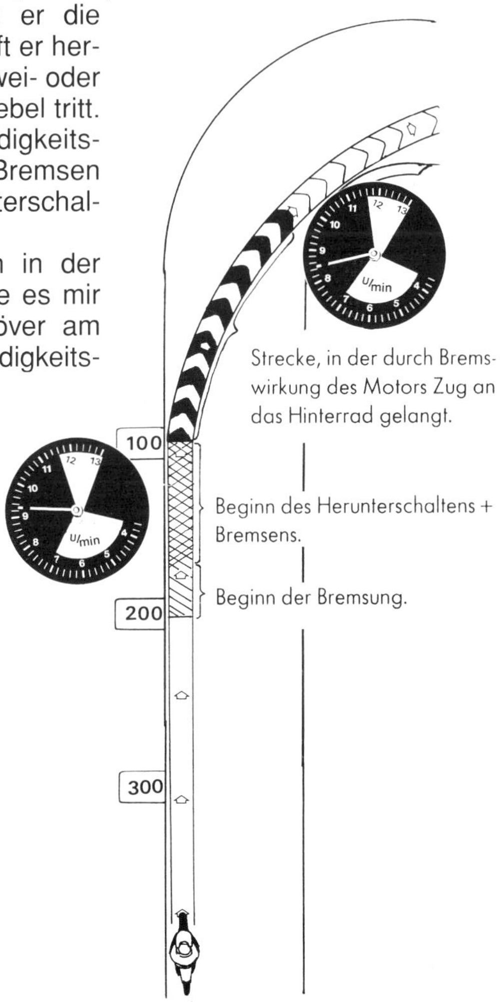

Strecke, in der durch Bremswirkung des Motors Zug an das Hinterrad gelangt.

Beginn des Herunterschaltens + Bremsens.

Beginn der Bremsung.

**Brems- und Schaltpunkte
vor, während und nach der
Kurvenfahrt. (Abb. 7)**

geraden, daß ich in der anschließenden Spitzkehre noch im zweiten Gang war und mein Kontrahent, den ich kurz zuvor passiert hatte, sofort wieder an mir vorbeiging.

Vermeiden Sie es, in den Kurven schalten zu müssen! Es entstehen beim Schalten Kräfte, die auf den Reifen wirken, wenn der, bedingt

119

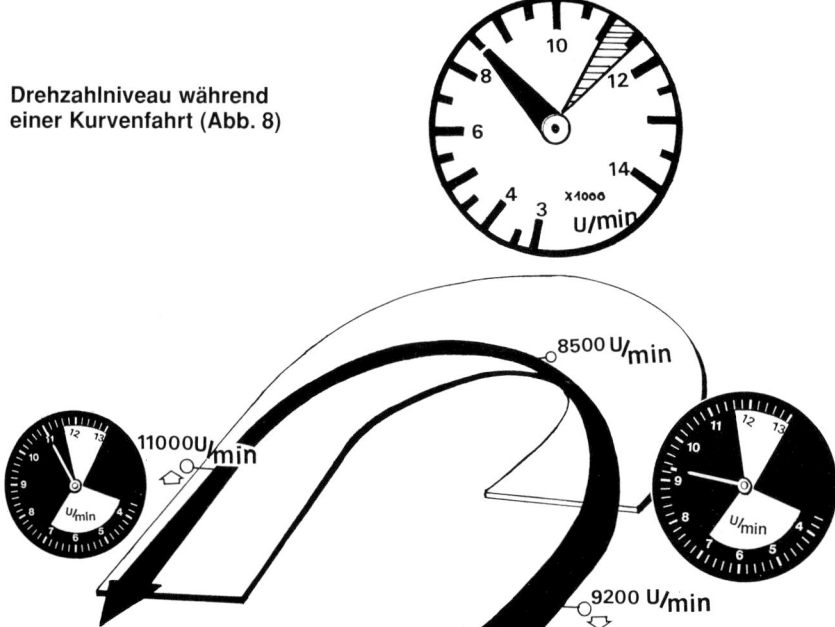

Drehzahlniveau während einer Kurvenfahrt (Abb. 8)

durch die hohen Seitenführungskräfte, schon fast am Ende seiner Möglichkeiten ist. Im harmlosesten Fall riskieren Sie einen Schlenker, der Zeit kostet.

Deshalb ist es ratsam, die Maschine so abzustimmen, daß man in jeder Kurve den passenden Gang hat, im optimalen Leistungsbereich ist, auch wenn diese Abstimmung Nachteile auf der Geraden bringen sollte (Maschine dreht zu früh oder zu spät aus).

Die Abstimmung ist dann optimal, wenn die Maschine im Kurvenscheitelpunkt gerade in ihren Leistungsbereich kommt und kurz nach dem Aufrichten am Kurvenausgang hochgeschaltet wird. Bei unserem Beispiel (Abb. 8) liegt die Höchstdrehzahl bei 11 000/min (roter Bereich), Leistung liegt an bei 8400/min. Wir befinden uns so beim Durchfahren der Kurve im optimalen »Leistungsband«. Bei der Einfahrt in die Kurve liegt die Drehzahl höher (bei 9200/min) und fällt, bedingt durch das geschlossene Gas, mit dem Effekt einer die Maschine stabilisierenden Bremswirkung des Motors. Das höchste Drehmoment liegt dann irgendwo am Kurvenausgang an. Hätten wir es schon im Kurvenscheitelpunkt, wäre die Dosierung des Gasgriffs erheblich erschwert. Zum anderen müßten wir wahrscheinlich noch vor dem Kurvenausgang Hochschalten, was wir ja vermeiden wollen. Heruntergeschaltet wird auf der Rennmaschine fast immer in Verbindung mit einer barbarischen Bremsung, wobei im Idealfall Verzögerungen von über 9m/s zu verkraften sind, die auf den Fahrer einwirken. Dabei dürfen die Arme nicht nur Abstützarbeit leisten, sondern der Fahrer muß auch noch die Armaturen bedienen, also

120

Kupplung ziehen, Zwischengas geben, bremsen und schalten. Einen Teil der Haltearbeit müssen daher die Beine übernehmen, indem der Fahrer sich durch Zusammenpressen der Knie fixiert (Abb. 9). Es versteht sich von selbst, daß wir uns vor dem Bremsvorgang aufrichten. Zum einen ist die dadurch gewonnene Übersicht notwendig, zum anderen erhöhen wir durch das Aufrichten den Luftwiderstand, was die Verzögerung unterstützt. Und da die Arme dazu gestreckt werden müssen, sind sie auch besser für die Abstützaufgaben geeignet.

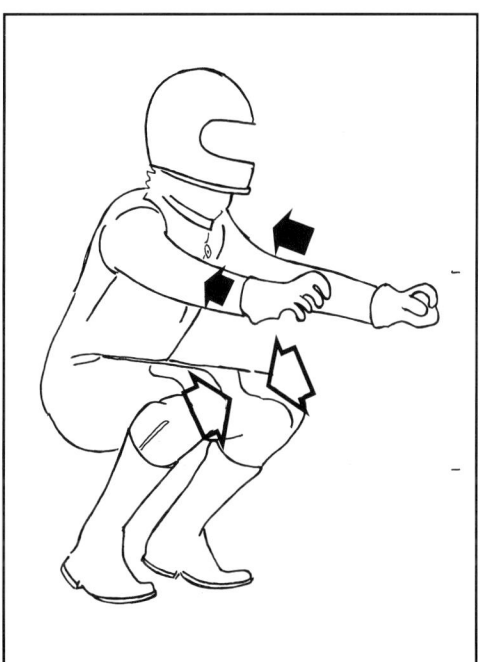

**Kräfteaufnahme während
einer Bremsung (Abb. 9)**

121

3. Fahrbahn im Regen

In Deutschland regnet es etwa jeden dritten Tag. Für den Rennfahrer heißt das, daß er eine entsprechend hohe Anzahl von Kilometern im Regen zurücklegen muß. Ein Regenrennen mag meist keiner der Fahrer, obwohl es Spezialisten gibt, die gerade bei Regen ganz nach vorn fahren, während sie bei trockener Bahn nichts zeigen.

Entgegen der weitverbreiteten Ansicht, daß nur ein profilierter Reifen auf nasser Fahrbahn gut haftet, rücken Rennfahrer manchmal auch bei nasser Bahn mit Slicks und nicht mit Intermedias oder Regenreifen aus. Das zeigt, daß die Faustformel »Regenprofil oder trockene Fahrbahn-Slicks« etwas zu simpel ist.

Bei nasser Fahrbahn (und jetzt kommt das Entscheidende: *ohne* Pfützen!) haftet der Slick von allen Reifen noch am besten. Erst die vielen kleinen Pfützen und Wasserlachen machen ihn zu einem unkalkulierbaren Risiko.

Daher braucht der Reifen Profil, das dem Wasser die Möglichkeit gibt abzufließen und ihm so keine Gelegenheit bietet, einen Wasserfilm zwischen Reifen und Straße zu schaffen.

Eine nasse Fahrbahn bietet eine geringere Haftreibung als eine trockene Straße. Für den Fahrer heißt das, daß er nicht so schnell durch die Kurven fahren und nicht so hart bremsen kann wie bei trockenem Wetter. Deutlich ist das auch in den Kurven zu beobachten. Die spektakulären Schräglagen sind verschwunden, und die Aktionen der Fahrer sind vorsichtig und werden weich ausgeführt.

Die mögliche Schräglage reduziert sich um $10°$ bis $15°$. Also statt der $50°$ nur noch $40°$ bis $35°$ mögliche Schräglage (Abb.1). Hier kann der Fuß, den wir von der Fußraste etwas nach unten hängen lassen, statt des Knies den Kontaktpunkt bilden, zu dem hin wir die Maschine flott abwinkeln (der liegt etwa bei $30°$, wenn $35°$ Schräglage möglich sind) und vergrößern dann die Schräglage zum Scheitelpunkt hin noch einmal um $5°$. Da die Maschinenreaktionen bei nasser Fahrbahn weniger ruckhaft sind, läßt sich gerade auf nasser Straße ein sehr gutes Gefühl für »sliding«, ein leicht abdriftendes Hinterrad entwickeln. Ähnlich dem »Sägen« am Lenkrad Autos mit Heckmotor läßt sich durch Vergrößern und Verkleinern der Schräglage die Kurve mit einer Summe von kleinen Rutschbewegungen durchfahren. Regen kann die Ideallinie grundlegend verändern. Die meisten Fahrbahnen sind uneben und wellig, und so bilden sich Pfützen und Rinnsale, die es, vor allem in Schrägfahrt, zu umfahren gilt (Abb. 2).

In Schräglage in eine Wasserlache zu geraten bedeutet, daß die Haftung blitzartig verlorengeht, was allerdings nicht zwangsläufig zum Sturz führen muß. Das Ganze kann auch mit einem Schlenker

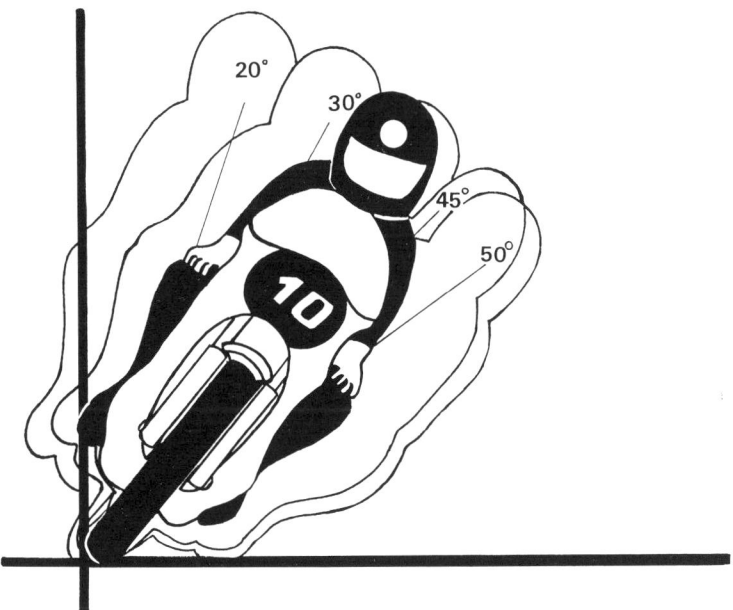

Reduktion der Schräglage bei nasser Fahrbahn auf ca. 30 Grad (Abb. 1)

abgehen, wenn Rinnsal oder Pfütze nicht zu groß sind. Bei einer solchen Aktion überlassen wir das Motorrad am besten gedanklich sich selbst, wir führen keine Korrekturen aus und bleiben locker im Sattel (bei vielen Fahrern sieht man in diesem Moment deutlich, wie sie verkrampfen).

Wenn wir unsere Kurvenlinie entsprechend den Verhältnissen umstellen, ist es oft besser, pro Runde kalkulierbare Schlenker in Kauf zu nehmen als die Ideallinie zu verändern. Doch gerade bei Regen können sich die Straßenverhältnisse von Runde zu Runde ändern, so daß sich auch für den Rennfahrer das Einhalten eines kleinen Sicherheitsspielraums empfiehlt.

4. Kurvenfallen im Verkehr

Kurven sind auch für den Straßenfahrer das Salz in der Suppe. Da kann die Landschaft noch so schön sein und das Wetter noch so prima, wenn es nur geradeaus geht und die Kurven fehlen, fehlt ein entscheidendes Gewürz im Motorrad-Menü.

Leider können Kurven sehr schnell zu Todesfallen werden. Wer in einer mit Leitplanken eingerahmten Linkskurve zu Fall kommt, hat kaum Chancen, heil davonzukommen. Im Klartext heißt das Quer

Kurvenfahrt im Regen. Dieter Braun tastet bei minimaler Schräglage mit dem Fuß nach der Straße (Pfeil). Die 250 cm³ MZ mit den spitzen Dunlop Dachreifen war bei Regen alles andere als gemütlich zu fahren.

Schlimmer geht es nicht mehr! Regen, ein weißer Mittelstreifen, am Kurvenaußenrand ein Betoneisengeländer, innen Leitplanken. Heute würde ein Motorradrennfahrer auf einer solchen Strecke nicht mehr fahren und dies zu Recht. Man beachte: kaum Schräglage!

Veränderte Ideallinie durch die Notwendigkeit, Pfützen zu umfahren (Abb. 2)

schnittslähmung oder der Verlust von Arm oder Beinen. In Rechtskurven, die man zu schnell angeht, kommt man meist dann zu Fall, wenn Gegenverkehr auftaucht. Klar, wenn man schon zu schnell ist und dann noch Gegenverkehr kommt, ist einfach kein Spielraum mehr für Korrekturen. Wie solche Unfälle ausgehen, bei denen ein Motorradfahrer unter ein Auto rutscht, darüber können kaum Zweifel bestehen...

Deshalb sollten Sie, auch als guter und routinierter Fahrer, die Kurven mit einem Sicherheitsspielraum von 10°- 15° an Schräglagereserve fahren (Abb. 3). Das heißt, bei zirka 40° sollte Endstation sein, dann bleiben noch 10° bis zu den 50°, die ein sehr, sehr guter Fahrer noch beherrscht. Frage: Trifft das auch für Sie zu? Wenn nein, dann muß der individuelle Spielraum anders ausgelegt werden (z. B. 25° zu 35°).

Kurvenfallen - das sind immer jene überraschenden Momente, bedingt durch Straßenverschmutzung und/oder andere Verkehrsteilnehmer, die dazu führen, daß wir für die Situation zu schnell sind, weshalb später im Polizeiprotokoll steht »Unfallursache: zu schnell gefahren«. Das aber ist nur die halbe Wahrheit, denn auch wenn sie vordergründig richtig ist, so sind doch die den Unfall auslösenden Faktoren ganz anders.

Wir wollen drei Typen von Kurvenfallen betrachten:
- a) Kurvenfallen durch Fahrbahnveränderungen
- b) Kurvenfallen durch den Einfluß anderer Verkehrsteilnehmer
- c) Kurvenfallen durch eigene Fehleinschätzungen

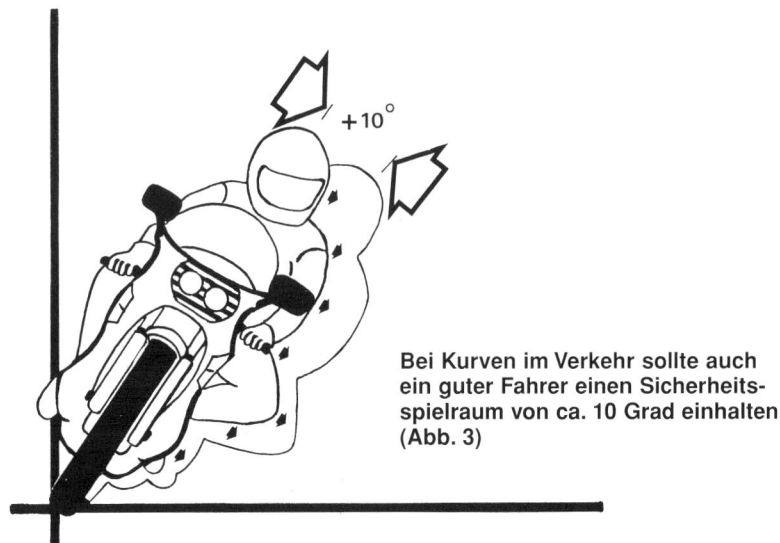

+10°

Bei Kurven im Verkehr sollte auch ein guter Fahrer einen Sicherheitsspielraum von ca. 10 Grad einhalten (Abb. 3)

Kurvenfall: Fahrbahnveränderung

Fahrbahnverschmutzungen gibt es viele. Auf dem Land etwa durch durch landwirtschaftliche Fahrzeuge, die Dreck und Jauche auf der Straße lassen oder bei Ortsdurchfahrten, wo Schmutzwasser über die Fahrbahn läuft. In jedem Frühjahr sterben aufs Neue Motorradfahrer bei Unfällen, die durch Rollsplitt verursacht wurden. Rechnen Sie deshalb bis in den Sommer immer mit der Möglichkeit von Rollsplitt, *ohne* daß Sie durch Warntafeln aufmerksam gemacht werden.

Bei Lkws schwappt oft Dieselöl aus den Tanks auf die Fahrbahn. Das sind jene schwarzen Streifen, die exakt der Kurvenkrümmung folgen. Ist das Öl älter, so ist es zumeist nicht mehr so glatt. Da dies optisch jedoch nicht unmittelbar wahrzunehmen ist, empfiehlt sich stets höchste Alarmstufe!

Mit aufgeklebten weißen Mittelstreifen sowie Fahrbahnmarkierungen, auch am Kurvenrand, ist ebenfalls nicht zu spaßen. Sie sind besonders bei Regen glatt wie Schmierseife. Gleiches gilt für Eisenteile, also Kanaldeckel, Straßenbahnschienen und eiserne Dehnfugen an Brücken.

Für den Herbst gilt: Nasses Laub kann fast ebenso glatt sein wie Eis. Nasses Laub liegt zumeist auch dann noch auf der Straße, wenn diese schon längst trocken ist.

Kurvenfalle: Die anderen
Fast möchte man sagen, der natürliche Feind des Motorradfahrers sei der Bauer auf seinem Trecker. Oft münden landschaftliche Wege in oder nach einer Kurve, und prompt fährt der Bauer dann aus seinem Acker, wenn wir mit einem ordentlichen Tempo aus der Kurve kommen. Dann hilft in den meisten Fällen, wenn überhaupt, nur noch ein Gebet und das große Zaubern. Auch ein plötzlich in der Kurve vor einem auftauchender Traktor ist, wenn auch noch Gegenverkehr herrscht, eine sehr bedrohliche Sache. Es heißt dann nämlich, in Schräglage zu bremsen, und das ist immer eine haarige Sache, wenn es unter Druck geschieht.
Denken Sie daran, daß vor allem Sonntags Autofahrer unterwegs sind, die auf einsamen Sträßchen anhalten, um Wanderer nach dem Weg zu fragen, Eichhörnchen passieren zu lassen oder ein schönes Foto zu machen. Wenn Sie dann einen Auffahrunfall verursachen und noch die Gelegenheit haben, an der Gerichtsverhandlung teilzunehmen, werden Sie feststellen, wie viele Gründe sich finden oder erfinden lassen, warum der Autofahrer hier stehen *mußte!* Sie werden den Prozeß in 99 von 100 Fällen verlieren, auch dann, wenn Sie im Recht sein sollten.
Als wir einmal zu dritt am Neckar entlang fuhren, diskutierten wir während einer Kaffeepause auf Schloß Hirschhorn ausgiebig über die Gefahren, die dem Motorradfahrer durch die Pkw-Lenker drohen.
Entsprechend vorsichtig fuhren wir anschließend weiter - hinein in einen sich in seiner ganzen herrlichen Schönheit präsentierenden Odenwald. Noch keine 10 km weiter, hinter Kortelshütten, kam uns aus einer (von uns aus gesehen) Linkskurve ein Pkw entgegen, der auf unserer Fahrspur fuhr. Wir fuhren zu zweit etwas versetzt nebeneinander, und ich dachte nur, wenn ich nun nach links ausweiche, zieht der Pkw-Fahrer auch noch im letzten Moment rüber, und wir hätten uns auf seiner Seite getroffen. So machten wir beide den Versuch einer Vollbremsung, und als Norbert mit seiner Honda in den Audi krachte, machte ich einen verzweifelten Schlenker und kam am Rande eines Sturzes an dem Auto vorbei. Norbert flog parallel zu meiner Fahrtrichtung ebenfalls weiter und landete etwa 15 m weiter im Straßengraben. Wie der Autofahrer später erzählte, wollte er in eine Einfahrt abbiegen, die versteckt im Scheitelpunkt der Kurve lag. Er glaubte zu stehen und hatte angeblich nicht bemerkt, wie sein Wagen weitergerollt war. Ja, natürlich war der Autofahrer schuld, aber die Knochen gebrochen hatte sich Norbert, der darauf-

hin das Motorradfahren aufgab.

Sie müssen fest mit den Fehlern der anderen rechnen. Nur wenn in ihrem Kopf eine ganze Liste möglichen Fehlverhaltens gespeichert ist, haben Sie im Ernstfall die Chance, die richtige Verhaltensvariante zu erwischen.

Kurvenfallen: Fehleinschätzungen

»Hundekurven«, also Kurven mit sich verkürzendem Radius, werden besonders Anfängern immer wieder zum Verhängnis. Sie schätzen die Kurve falsch ein, gehen zu früh hinein, und dann langt es ihnen hinten und vorn nicht mehr. Auch den Straßenverlauf an Bäumen abzuschätzen, etwa vor Kuppen, endet nicht selten mit der bösen Überraschung, daß die Bäume einen Feldweg beschatten, der früher einmal Straße war, die heute, in modernisierter Ausführung, einen bösen Rechtsknick macht. Immer noch gilt, daß Kurven, die sich nicht vollständig einsehen lassen, nur mit Vorsicht zu genießen sind. Keinesfalls darf man das optisch fehlende Stück in der Phantasie zusammenreimen. Daher gilt auch hier: Nie mit maximaler Schräglage fahren, immer ein schönes Sicherheitspolster einkalkulieren.

Regenwetter

Regenwetter verstärkt diese hier angesprochenen Gefahren noch. Dazu kommt, daß sich bei Regen Fahrbahnverschmutzung oder glatte Stellen nicht mehr erkennen lassen (die Straße wird einheitlich dunkel oder schwarz). Meiden Sie deshalb Schräglagen über 15°, dann sind Sie für alle Eventualitäten gerüstet. Generell gilt für Regenfahrten: kurz nach Einsetzen des Regens ist es besonders glatt, da sich das Regenwasser mit dem Straßenschmutz zu einer schmierigen Masse verbindet, insbesondere wenn es schon lange nicht mehr geregnet hat. Wenn es eine Weile geregnet hat, nimmt die Haftreibung wieder zu, da der Regen die Straße saubergewaschen hat. Und nur wenn wir weder naß sind noch frieren, können wir uns optimal konzentrieren; deshalb immer mit entsprechender Regenbekleidung fahren.

Optische Signale

Es gibt drei Arten von optischen Signalen, mit denen sich ein Rennfahrer befassen muß: Offizielle Flaggensignale der Rennleitung (A.); Boxensignale, die den Fahrer über das Trainings- oder Renngeschehen informieren (B.) sowie optische Markierungen, die sich der Fahrer suchen muß, um damit seine Ideallinie zu fixieren (C.).

Schräglage fast auf Eisspeedway-Niveau! Gustav Reiners Ellenbogen ist nicht mehr weit von der Straße

Mamola mit seinem extremen »hanging off«, mehr neben als auf der Maschine

Haslam bleibt etwas mehr auf der Maschine

Spiel der Farben und Geschwindigkeit. Ferrari auf der 250cm³ Honda

Deutschlands erfolgreichster Motorradrennfahrer! Der 5fache Weltmeister Toni Mang.

Geduckt, obwohl das Vorderrad aufsteigt! Lawson auf der Werks-Yamaha

Einer der besten Honda-Piloten bei den 250ern: Ralf Waldmann auf der gelben NSR.

So fährt ein Weltmeister: Dirk Raudies, der sympathische Schwabe aus Biberach und Weltmeister der 125er-Klasse.

Extrem in Fahrt und Fahrerhaltung. Gianola mit einer 125 cm³ Maschine

Der deutsche Superbiker Gschwender in voller Fahrt auf seiner 750 cm△ Suzuki

Peter Öttl auf der 125er Aprilia. Sehr schön zu sehen die Radlastverlagerung beim Beschleunigen.

Luca Cadalora auf einer 95er Yamaha.

In eiliger Mission: Scott Rusell, USA, 1995 neben Daryl Beattie und Kevin Schwantz im Aufgebot des Lucky Strike-Teams.
Auch 1996 mit Suzuki unterwegs

A. Flaggensignale:

Was die einzelnen Fahnen der Rennleitung bedeuten, steht in der Ausschreibung, es sind meist neun Flaggen:

Solche Flaggensignale sind nur so verläßlich wie ihre Schwenker. Da in einem Rennen dauernd irgend jemand hinter jemandem her fährt und auch überholen will, stehen die Flaggenposten fast immer mit der blauen Fahne herum und schwenken sie.
Es ist zwar schön, daß der Krankenwagen unterwegs ist (weiße Flagge), aber langsamer fährt deshalb keiner, und mit der gelben Flagge verhält es sich leider ähnlich.
Ernst wird es erst bei Rot und der rotgelben Fahne. Mit ausgelaufenem Öl ist nicht zu spaßen. Zwei ganz Große des Rennsports, Jarno Saarinen und Renzo Pasolini stürzten auf einer Ölspur im Autodrom von Monza zu Tode! Grassetti hatte im 350er Rennen mit seiner Benelli in der Lesmokurve eine Ölspur gelegt. Saarinen wußte das, im Gegensatz zu Pasolini, der bei den 350ern nicht gestartet war. Als Jarno, kurz nach dem Start, bei über 200 km/h im Einlauf der Lesmo, eingedenk der Ölspur das Gas kurz aufdrehte, witterte der Italiener seine Chance und wollte innen vorbeiziehen. Bei diesem Versuch kam Pasolini zu Fall, riß den außen fahrenden Saarinen mit sich, und beide flogen mit hohem Tempo in die die Strecke begrenzenden Leitplanken. Dieser Unfall löste einen Massensturz aus, so daß das Rennen abgebrochen werden mußte. Bei solchen Gelegenheiten tritt dann die rote Fahne in Aktion. Die schwarze Fahne findet dann Verwendung, wenn an Ihrem Fahrzeug technisch etwas nicht mehr in Ordnung sein sollte und Sie selbst das noch nicht gemerkt haben oder leichtsinnig genug sind, noch weiter zu fahren. Damit Sie sich auch garantiert angesprochen fühlen, wird Ihre Startnummer gleich mit präsentiert.

B. Boxensignale

Die Idee, den Rennfahrer durch Zeichen über das Renngeschehen, von dem man ja als Aktiver nur einen kleinen Teil mitbekommt, zu informieren, geht auf den legendären Mercedes-Benz-Rennleiter Alfred Neubauer, kurz »der Dicke« genannt, zurück.
Er hatte recht früh erkannt, daß ein gut informierter Fahrer kräfte- und materialschonender fahren kann als einer, der nicht weiß, wie es steht und mit drei Minuten Vorsprung immer noch auf der letzten Rille fährt, obwohl er das gar nicht bräuchte.
Die Informationen müssen so dicht sein, daß der Fahrer, der ja mit

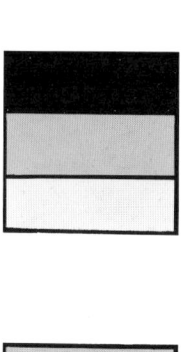 Nationalflagge bedeutet
Start.

 Schwarz/weiß kariert:
Start/Ziel.

 Rot: unbedingt und sofort
Halt.

 Gelb bedeutet »Achtung,
Gefahr«.

 Blau: ein anderer Fahrer will
überholen.

 Weiß bedeutet »ein langsa-
mes Fahrzeug ist auf der
Strecke«.

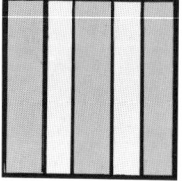 Rot/gelb bedeutet »Öl auf
der Strecke«.

 Grün heißt »die Strecke ist
wieder frei«.

 Schwarz, in Verbindung mit
der Startnummer heißt »das
betreffende Fahrzeug ist aus
dem Rennen«.

138

hohem Tempo unterwegs ist, sie sehen und verarbeiten kann. Am gebräuchlichsten ist es, drei Informationen zu geben, und zwar: - die Position, die der Fahrer im Feld einnimmt;
- die Zeitdifferenz auf den vorausfahrenden Konkurrenten;
- die Zeitdifferenz auf den nachfolgenden Fahrer (Abb. 1).
In unserem Beispiel heißt das, der Mann, dem die Boxensignale gelten, liegt auf dem siebten Platz. Er liegt 16 Sekunden hinter dem sechsten Fahrer und hat vor seinem Hintermann 8 Sekunden Vorsprung. Das »go«! bedeutet aber, daß der hinter ihm liegende Fahrer schnell Zeit gutmacht und es gilt, Gas zu geben, um nicht noch geschnappt zu werden. Daß man sich dem Vordermann nähert, kann auch einer solchen Anzeige entnommen werden, nämlich dann, wenn die Abstände kleiner werden (also + 16, nächste Runde nur noch +14, übernächste +7 usw.).
Viele vermerken auf der Tafel auch die Rundenzahl, die noch zurückzulegen ist. Das ist aber oft unnötig, da der Veranstalter die Rundenzahl meist ebenfalls anzeigt, wobei immer die Anzahl der noch zu fahrenden Runden pro Durchgang angezeigt werden, also 25, 24, 23 usw. Für den Boxendienst brauchen Sie mindestens einen verläßlichen Helfer, der ansonsten von der Rennerei keine allzu große Ahnung haben muß. Besser als eine Anzeigetafel sind zwei, wobei die eine dann immer in aller Ruhe auf den aktuellen Stand gebracht werden kann. Stoppuhren benötigen Sie mindestens zwei, wobei hier auch schon der lap computer Einzug gehalten hat. Mit dem funktioniert so eine Zeitnahme natürlich viel einfacher, vor allem im Training, wenn noch die Zeiten von der Konkurrenz mitgestoppt werden. Also eine Anschaffung, die sich in jedem Fall rentiert.

Boxensignale durch einen
Helfer (Abb. 1)

139

C. Optische Markierungen

Um eine Rennstrecke optimal fahren zu können, brauchen wir optische Markierungspunkte, die uns die Stellen anzeigen, an denen wir:

      1. herunterschalten
      2. anfangen zu bremsen
      3. in die Kurve einlenken

Diese Markierungen können Pylonen, Flickstücke, Anzeigetafeln und viele andere Dinge sein (Abb.2). Sie dürfen sich aber nicht bewegen. Also der Streckckenposten mit roter Mütze ist ein schlechter Fixpunkt, denn der geht vielleicht Kaffeetrinken oder, was noch schlimmer wäre, er stellt sich einfach 10 m weiter in Richtung Kurve.

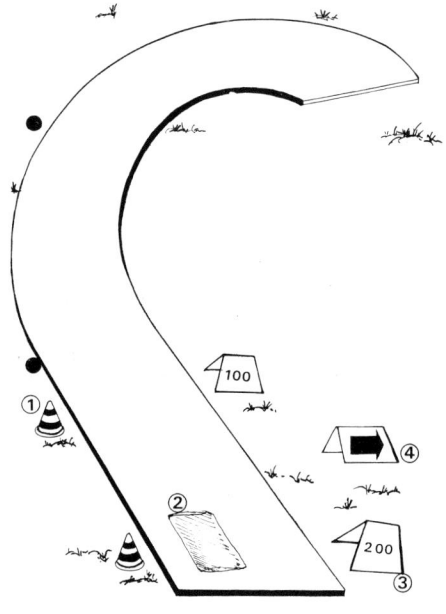

Optische Markierungen (Abb. 2)

6. Streckenanalyse

Ein Rennfahrer erarbeitet sich eine Rennstrecke unter zwei Aspekten, nämlich dem Faktor Mensch und dem Faktor Maschine.

Faktor Mensch
Ein Rennfahrer, der sich mit einer Strecke vertraut machen will, erreicht dies durch langsames Abfahren des Kurses sowie durch Abgehen der Strecke, wobei er sich Notizen macht und Skizzen anfertigt. Dazu gehört:

      1. Zeichnen der Rennstrecke
      2. Ideallinie einzeichnen
      3. Markierungspunkte, Besonderheiten und Schaltpunkte in die Streckenskizzze eintragen
      4. schriftlichen Erlebnisbericht über das Abfahren der Strecke
      5. mentales Abfahren der Strecke
      6. dito mit der Stoppuhr in der Hand

Hier ist deutlich ein Fahrbahnbelagwechsel zu sehen (Pfeil).
Kurvenbegrenzungen dieser Art (Reifenstapel) können (wie auch Strohballen
u. a. Begrenzungen) für das Knie des Fahrers sehr gefährlich werden!

Aufgemalte Streifen auf einer Rennstrecke sind (wie auch im Straßenverkehr)
sowohl Risikofaktor als auch eine Orientierungshilfe.

Straßenführung einmal anders. Als Begrenzung dienen: 1 = Strohballen, 2 = Styroporblöcke, 3 = Coca Cola Kisten. Zu alledem muß auch noch die Dränage überfahren werden (4) und das zweimal. Wer dies zum ersten Mal erlebt, staunt nicht schlecht!

Eine mit Zement abgedeckte Ölspur (siehe linker Bildrand). Sie kann sowohl Risikofaktor als auch eine Orientierungshilfe sein.

Optische Markierungen auf einer Rennstrecke in Form von Streifen.

Aufgemalte Streifen in der Anbremszone können durchaus zum Risiko werden

Training mit der Maschine und Überprüfen der Punkte 1 bis 3.

Faktor Maschine

Das Buch befaßt sich aus gutem Grund fast ausschließlich mit dem Faktor Mensch, denn die Technik der Rennmaschinen ändert sich ständig, oft von Woche zu Woche, so daß für den Wettbewerbsfahrer meist nur aktuelle Informationen von Bedeutung sind. Dennoch ist es für die Planung notwendig, die wichtigen Maschinendaten in einem Protokoll festzuhalten, als da sind:

      a. Festhalten der optimalen Einstelldaten in einem Protokoll
      b. Umrechnen der Drehzahl/Übersetzung in km/h für die ver
         schiedenen Streckenpunkte, um auch bei anderen
         Maschinen Vergleichsdaten zu haben (am besten wäre ein
         Tachometer)

Im Maschinenprotokoll werden folgende Daten festgehalten:
      1. Reifenwahl
      2. Düsenbestückung
      3. Gesamtübersetzung
      4. Einstellung der Federbeine und der Gabel
(Ein ausführliches Protokoll findet sich in Kapitel VI)

Zunächst bedarf es eines Lageplans, also einer Streckenskizze. Im Idealfall sind wir mental schon so fit, daß wir die Strecke zeichnen können; falls nicht, ist es auch möglich, eine fertige Streckenzeichnung zu verwenden. Oft ist die Strecke auch zu lang und zu kompliziert, dann empfiehlt es sich, die Zeichnungen noch zusätzlich in einzelne Abschnitte zu unterteilen, etwa bei der Nürburgring-Nordschleife, der TT-Strecke und ähnlich lange Rennbahnen. In diese Zeichnung tragen wir unsere Ideallinie ein, plus den optischen Markierungspunkten, den kritischen Stellen und den Schaltpunkten. Neben der Ideallinie machen wir uns natürlich auch Gedanken über die Kampflinie, wir markieren die Streckenabschnitte, in denen wir überholen können, und legen die Linie fest, derer wir uns bedienen wollen.

Getreu dem Goethe-Wort »das was du schwarz auf weiß besitzt, kannst du getrost nach Hause tragen...«, erstellen wir noch einen schriftlichen Erlebnisbericht. In diesem Bericht notieren wir alles, was wir im Verlauf einer Runde machen, warum wir es tun und welche Emotionen uns dabei begleiten.

Ein Weltmeister auf dem Weg zur Box. Dieter Braun in Monza. Der junge Mann, der die Maschine schiebt, wird einmal Deutschlands erfolgreichster Motorradrennfahrer sein: Ton Mang.

Toni Mang in voller Fahrt 15 Jahre später!

Streckenprotokoll

Strecke: Mugello/Italien
Maschine: Suzuki RG 500
Datum: 7. 7. 1977
Fahrer: Harry Niemann

. . . auf der Start- und Zielgeraden schalte ich bis in den vierten Gang, wenn ich die Boxen passiere. Kurz danach wird in den fünften und sechsten Gang geschaltet bis zu einer V/max 225 km/h.
Von der rechten wechsele ich auf die linke Straßenseite und mache so aus dem Linksknick eine Gerade. An dem Werbeplakat, links von mir, richte ich mich auf, bremse die Maschine mit der Vorderradbremse hart zusammen, beginne mich nach rechts außen zu setzen und den rechten Fuß mit der Spitze auf die Fußraste zu stellen. Unterstützt durch Gasstösse trete ich den Schalthebel viermal nach unten (2. Gang).
Mit dem Knie suche ich am Kurveneingang den Kontaktpunkt und vergrößere beim Einfahren die Schräglage bis zum Apexpunkt, dabei achte ich darauf, daß die Drehzahl nicht unter 8000 min fällt. Ab dem Scheitelpunkt beschleunige ich wieder leicht. Kurz nach dem Streckenposten, im letzten Drittel der Kurve, beschleunige ich voll und versuche die Maschine in einen leichten Slide zu bringen. Ich bleibe im zweiten Gang und drehe ihn voll aus (11 200 min), dabei beginne ich mich von rechts nach links zu setzen, um beim Erreichen der Höchstdrehzahl das Gas zuzumachen und fest zu bremsen. Ab der Straßenmitte beginne ich die Maschine nach links umzulegen, dabei visiere ich die Grasnarbe der Kurve, die mir als Orientierungspunkt für den Apexpunkt der nun folgenden Linkskurve dient. Ich setze mich nicht ganz nach außen, sondern winkle lediglich das linke Knie nach außen. Mit konstanter Gasstellung und Geschwindigkeit lege ich die Maschine nach links. Ab der Grasnarbe beginne ich Gas zu geben, wobei ich hart an der Grasnarbe bleibe. Ich setze mich dann nach rechts, stelle die Fußspitze auf die Raste und klappe das Knie nach außen, dabei lege ich die Maschine entschlossen nach rechts. Eine Leitplankenbefestigung dient mir als Orientierungspunkt, darauf halte ich zu. Ich fahre so eng an die Strohballenbegrenzung heran, daß ich mit der Schulter an ihr streife. Das rechte Knie klappe ich etwas ein, um damit nicht hängenzubleiben. Beschleunigend lasse ich mich auf die Strohballen am Kurvenausgang zu treiben, die Maschine wird aufgerichtet ...

146

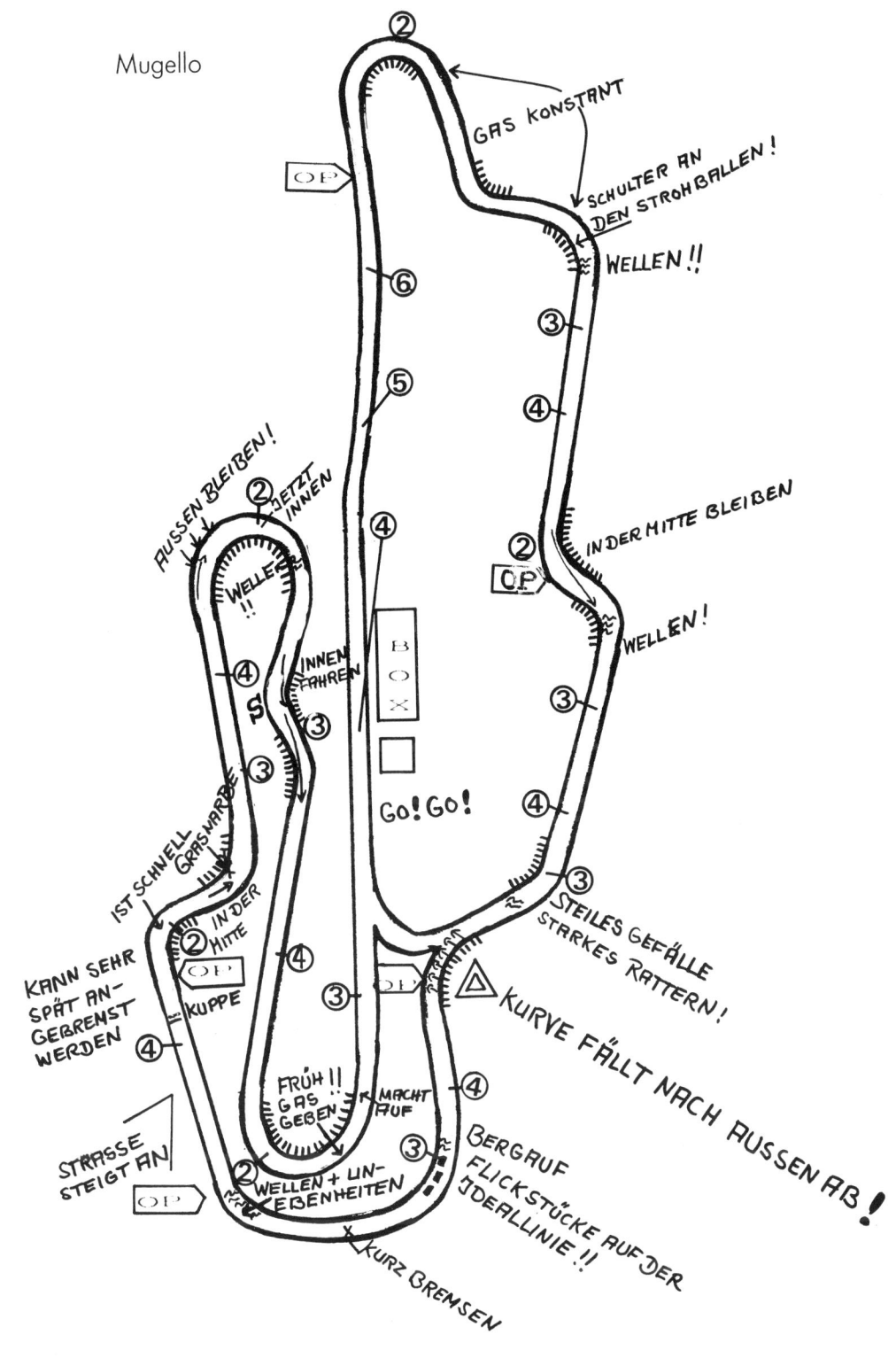

Mugello

7. Mentales Training

Für jeden Sportler ist das mentale Training von großer Bedeutung. Bei etwa verletzungsbedingten Pausen ermöglicht uns das mentale Training, den durch das Untätigsein bedingten Leistungsabfall zu bremsen.

Zum Training mit dem Kopf setzen wir uns möglichst entspannt hin, schließen die Augen und befinden uns sogleich in der Boxengasse der Rennstrecke, die wir befahren wollen. Wie ist das Wetter? Spüren Sie das Rennleder auf der Haut? Ziehen Sie den Helm etwas fester und streifen Sie die Handschuhe über, gedanklich versteht sich, dann kann es losgehen. Versuchen Sie ein möglichst perfektes Bild vor ihrem geistigen Auge entstehen zu lassen. Alles was für das Fahren wichtig ist, muß in dieser Komposition vorkommen. In der Hand halten Sie eine Stoppuhr, damit messen Sie ganz real die fiktive Runde. Die so erzielte Zeit ist ein Gradmesser für Ihren Vorbereitungszustand. Je näher Sie an ihrer tatsächlichen Zeit sind, desto besser haben Sie die Strecke gespeichert. Vergleichen Sie Ihre Erfahrungen aus der fiktiven Runde mit Ihren Aufzeichnungen und ergänzen Sie diese bei Bedarf. Wenn Sie eine Strecke einmal »gefressen« haben, werden Sie diese so schnell nicht mehr vergessen.

Als ich einmal nach über zehn Jahren, mit der Stoppuhr in der Hand, mental eine Bergrennstrecke fuhr, auf der ich all die Jahre den Streckenrekord gehalten hatte, fuhr ich mit 2,32 min fast genau die Zeit, die ich dort bei meinem ersten Start in meinem ersten Rennen erzielt hatte (Rekordzeit 2.19,8 min).

Wenn es beim »Hirnkino« zum Filmriß kommt, also ein Streckenabschnitt nur unvollständig in Erinnerung ist, fehlen Ihnen dort die Merk- und Orientierungspunkte. Schauen Sie auf Ihre Streckenskizze nach und wenn Sie dort nur weißes Papier entdecken, fahren Sie den Abschnitt nochmals ab und suchen nach Fixpunkten. Wie Tarzan, der sich im Urwald von Liane zu Liane hangelt, so bewegen wir uns von Orientierungspunkt zu Orientierungspunkt. Fehlt einer, geht es nicht mehr weiter.

Antizipation des Kommenden

Mentales Training kann aber noch mehr bewirken. Sie können sich damit in Bereiche des Fahrkönnens pushen, die Ihnen bis dahin verschlossen waren.

Ein Beispiel: Als in damals in die Rennszene einstieg, fragte ich mich, wohin die Entwicklung wohl gehen würde. Schon damals sah

148

ich in meiner Phantasie die Fahrer, wie sie die Maschinen bwinkelten, bis das Knie über den Boden schliff. Diese Vorstellung war mein Fixpunkt in der Zukunft, auf *den ich mich konzentrierte.*

Unsere persönlichen Leistungen werden nur über die der anderen hinausgehen, wenn wir die Phantasie haben, uns das Kommende vorzustellen.

1. Erfolgsfaktoren für und die Vorbereitung auf Motorradrennen

Der Erfolg bei Motorradrennen besteht, einfach gesagt, aus der gelungenen Kooperation zwischen Mensch und Maschine. Auch der tollste Fahrer kann ein Leistungsmanko der Maschine nur bedingt ausgleichen. Auf den meisten Strecken, wie etwa dem großen Kurs von Hockenheim, spielt die Motorleistung eine entscheidende Rolle. Bei aller Begeisterung ist es deshalb nicht ratsam, auf solchen Strecken mit zweitklassigem Material anzutreten. Ganz anders sieht es hingegen bei Bergrennen oder sehr verwinkelten Rennstrecken (Fischereihafenrennen in Bremerhaven) aus. Hier kann auch ein Fahrer mit unterlegenem Maschinenmaterial durchaus erfolgreich sein. Der Ex-Weltmeister Dieter Braun fuhr einmal in Bremerhaven mit einer Moto Cross-Maico, die lediglich Straßenreifen hatte, das ganze Feld in Grund und Boden. Mir gelang es auf meiner Hausstrecke, einer verwinkelten Kurvenstrecke im Odenwald, einen Streckenrekord mit einer umgebauten 350er Serien-Yamaha zu fahren, mit normalen Straßenreifen versteht sich, der erst elf Jahre später von einem 1000 cm³ slickbereiften Superbike um 4/10 Sekunden verbessert wurde. Der Schnitt - um die 98 km/h - zeigt, wie langsam die Strecke ist.
Auf dem kleinen Kurs von Hockenheim hat eine deutsche Motorradzeitung einmal versucht, die Unterschiede zwischen Renn- und Alltagsfahrer festzustellen. Dabei ließen sie den Rennfahrer und Otto Normalbiker mit verschiedenen Maschinen zwischen 10 und

150

Vergleich der Rundenzeiten zwischen einem Normalfahrer und einem Rennfahrer in Hockenheim:*

Rennfahrer

10 PS	17 PS	27 PS	50 PS
Rundenzeit (Minuten)[2]			
1.53,59	1.33,70	1.27,20	1.22,94
Durchschnittsgeschwindigkeit (km/h)			
83,492	101,215	108,759	114,345
Kurvengeschwindigkeit (km/h)[3]			
73,46	73,70	76,26	77,44

Normalfahrer

50 PS	75 PS	90 PS	100 PS
Rundenzeit (Minuten)[2]			
1.30,25	1.29,08	1.28,60	1.25,48
Durchschnittsgeschwindigkeit (km/h)			
104,77	106,464	107,041	110,948
Kurvengeschwindigkeit (km/h)[3]			
70,27	70,62	67,73	72,48

[2] kleiner Kurs des Motodroms in Hockenheim, Länge 2634,39 Meter
[3] Messung eingangs der Sachskurve

* Entnommen aus »MOTORRAD«, Heft 26, 13. 12. 1986, S. 93

100 PS lagen, fahren. Leider durfte bei dieser Versuchsanordnung nicht jeder der beiden Fahrer alle Maschinen fahren. Nur der Durchschnittsfahrer fuhr die Maschinen über 50 PS. Das Resultat zeigte aber, daß der Rennfahrer mindestens die Hälfte der Leistung benötigte, nämlich 50 PS, um leicht schneller zu sein als der Straßenfahrer mit 100 PS. Auf der anderen Seite zeigt dieses

Experiment aber auch, wieviel durch Fahrkönnen an Zeit auf einer noch nicht einmal übermäßig kurvenreichen Straße gutgemacht werden kann (siehe Tabelle).

Bei einem Rennen sind die Leistungsdifferenzen bei weitem nicht so groß, schon allein wegen der Klasseneinteilung, die die Sportbehörden vornehmen. Auch das Können der Aktiven wird sich in den seltensten Fällen so sehr unterscheiden wie in dem obengenannten Vergleich. Lustige Extreme bei Rennen in Sachen Motorleistung finden sich wohl zu allen Zeiten. So erlebte ich auf der superschnellen Avus, zu einer Zeit, als schon alle die schnellen Produktionsracer von Yamaha fuhren, einen Optimisten mit einer 250 cm^3-Sport Max. Diese erreichte gerade noch mit Mühe und Not 170 km/h. Der Gute fuhr deshalb auch vorsichtshalber auf der dreispurigen Autobahn, aus der die beiden Geraden bestanden, auf der Standspur, wenn der Rest des Feldes mit etwa 215 km/h angedüst kam. Wie sich der Max-Fahrer fühlte, kann ich gut nachfühlen: Ausgerüstet mit einer 125 cm^3-Maico, die von einem Händler finanziert worden war, zog ich nach Hockenheim, um am dortigen WM-Lauf teilzunehmen. Die Maschine war ein Mysterium. Hauptdüse des 32er Mikuni Vergasers 440 (größere gab es keine mehr), die Zündkerze von Bosch, Wärmewert ebenfalls 440, das war auch am Ende der Skala - und das Biest war vom Kerzenbild her immer noch zu mager. Warum das so war, hat bis heute keiner in Erfahrung gebracht, und so fuhr ich die Maico damals von Kolbenklemmer zu Kolbenklemmer. Daß ich 1,86 m groß bin und damals mit Leder so um die 80 kg wog, war dem Temperament der kleinen Maico ebenfalls nicht zuträglich, so daß wir unsere größten Auftritte nur bei Bergrennen oder strömenden Regen hatten. Bei besagtem WM-Lauf in Hockenheim fuhr ich beim ersten freien Training als erster auf die Strecke und brauste allein, ein wunderbares Gefühl, die Gerade zur Ostkurve hinunter. Als ich mich dabei einmal umsah, traute ich meinen Augen kaum: in meinem Windschatten fuhr, zwar aufrecht sitzend, der amtierende italienische Weltmeister Paolo Pileri auf einer Werks-Morbidelli. Siehste, dachte ich, so langsam ist die Maico nun doch nicht. Der Pileri sitzt zwar noch, aber im Windschatten kommst Du, wenn er sich flach macht, bestimmt noch mit. Diese Runde beendete ich in Hochstimmung und war erneut in Richtung Ostkurve unterwegs, als neben mir eine Maschine mit etwa 40 km/h plus vorbeifegte. Pileri hatte seine Maschine in der ersten Runde nur warmgefahren und erst jetzt richtig Gas gegeben! Die zweite Morbidelli ließ ebenfalls nicht lange auf sich warten, und dann kamen noch die vielen anderen. Zur Qualifikation hat es auch nicht gereicht. Da hört die Freude auf, und Rennfahren macht keinen Spaß mehr, das ist wie ein Rennen zwischen einem Käfer und einem Mercedes.

152

Von nicht Sturzbedingten Verletzungen geplagt. Exweltmeister
Freddie Spencer.

In die Kurve hineinbremsen ist heute obligatorisch. Meisterhaft demonstriert
von Lawson.

Konzentration am Start.

Man beachte die Kopfhaltung

Ein Schwabe im Flug. Reinhold Roth beim »high sided« Sturz.

Allein auf weiter Flur. Eine solche Kulisse gibt es nur auf der Isle of Man.

Nicht vorschriftsmäßig, doch diese Sitzhaltung lieben alle Fahrer: Daryl Beattie auf der Lucky-Strike-Suzuki nach seinem Sieg beim Deutschland Grand Prix 1995

Schön und schrecklich zugleich. Die Streckenführung auf der TT. Paarweiser Start und die Länge der Strecke ermöglichen eine solche einsame Fahrt.

Ruhelage 90°

1995 noch auf Yamaha unterwegs, im Jahr darauf auf Aprilia umgestiegen: Jorge Martinez, Spanien.

Das hat er von Papa gelernt: Kenny Roberts Junior, Sohn des dreifachen Halbliter-Weltmeisters Kenny.

Norifumi Abe fährt in der 500er WM für das Malboro-Team von Kenny Roberts.

Er beherrscht den »Kniff mit dem Knie« perfekt: Kevin Schwantz (34) vor Daryl Beattie beim GP von Malaysia 1995.

Nicht immer sagt eine exakt gemessene (das ist die Voraussetzung) Höchstgeschwindigkeit auch etwas über die Motorleistung aus.

Wenn ein Fahrer beispielsweise langsamer aus einer Kurve in eine Gerade einbiegt als ein anderer, so ist er auf dem geraden Streckenstück langsamer als der Fahrer, der, bei gleichem Maschinenmaterial, die Kurve langsamer gefahren ist.

Sehr gut läßt sich das anhand eines Tests belegen, den eine Motorradzeitung mit zwei 1000 cm^3-Maschinen durchführte. Dabei fuhren Fahrer 1 und 2 die beiden Maschinen auf verschiedenen Rennstrecken. Neben den Rundenzeiten und der Geschwindigkeit in einer ausgesuchten Kurve wurde die V/max gemessen, die beide Maschinen A und B erreichten. Und siehe da, der schnellere Mann war bei gleichem Maschinenmaterial, bis auf eine Ausnahme, auch in der V/max der Schnellere.

Rennstrecke I

		Kurve	V/max	Rundenzeit
1	A	87,3 km/h	222,3 km/h	1.37,4 min
2		87,9 km/h	223,0 km/h	1.37,6 min
1	B	88,2 km/h	224,2 km/h	1.36,5 min
2		88,5 km/h	225,5 km/h	1.36,6 min

(Meßpunkt V/max liegt auf der Geraden, die an die Kurve anschließt, in der gemessen wurde)

Der Fahrer 2 kommt mit +0,6 km/h bzw. +0,3 km/h aus der Kurve (gegenüber Fahrer 1) und ist auf der Geraden jeweils +0,7 km/h bzw. +1,3 km/h schneller.

Rennstrecke II

		Kurve	V/max	Rundenzeit
1	A	87,3 km/h	222,3 km/h	1.37,4 min
2		87,9 km/h	223,0 km/h	1.37,6 min
1	B	88,2 km/h	224,2 km/h	1.36,5 min
2		88,5 km/h	225,5 km/h	1.36,6 min

(Meßpunkt Kurve und V/max befinden sich an unterschiedlichen Stellen der Strecke)

Hier ist der in den Runden schnellere Fahrer in fast allen
Bereichen flotter unterwegs (bei einer Messung ist er in einer
Kurve 0,2 km/h langsamer).

Rennstrecke III

		Kurve	V/max	Rundenzeit
1	A	73,7 km/h	199,7 km/h	2.11,0 min
2		73,5 km/h	199,4 km/h	2.11,7 min
1	B	74,4 km/h	202,3 km/h	2.09,1 min
2		72,3 km/h	201,5 km/h	2.10,0 min

(Meßpunkt Kurve und V/max befinden sich an unterschiedlichen Stellen der Strecke)

Auch hier ist der im Top Speed schnellste Fahrer am schnellsten in
der Kurve und bei den Rundenzeiten.
Das zeigt, daß der Fahrer, der seine Konkurrenten so flott auf der
Geraden überholt, nicht unbedingt die höhere Motorleistung haben
muß. Vielleicht ist er auch schneller durch die vorangegangene
Kurve gefahren (das Windschattenfahren sei hier einmal außer acht
gelassen). Die unterschiedlichen Geschwindigkeiten auf der Gera-
den können auch noch andere Ursachen haben, nämlich Größe,
Gewicht und Sitzhaltung des Fahrers.
Es ist einleuchtend, daß ein Zweimeter-Mann mit derselben
Maschine nicht die gleichen Fahrleistungen erzielen kann wie ein
Jockey von 1,50 m. Je höher allerdings die Motorleistung, desto ge-
ringer die Unterschiede. Wie gravierend die Differenzen bei einer
250 cm^3-Maschine mit 25 PS sein können, demonstrierte Ernst
Leverkus in einem Experiment recht deutlich:

Fahrer	V/max
A. Rennfahrer in Rennhaltung und enger Lederkombi (Gewicht 61 kg/Größe 1,65m)	= 162,65 km/h*
B. Tourenfahrer mit Barbour in leicht gedrückter Fahrhaltung (Gewicht 100 kg/Größe 1,90 m)	= 140,00 km/h*

*Mittel aus vier Messungen

Die Faktoren für einen Rennerfolg sind sowohl beim Fahrer als auch bei dessen Maschine, bzw. deren Vorbereitung zu suchen. Sie können aus der flottesten Rennmaschine eine lahme Krücke machen, wenn Düsenbestückung, Getriebeabstufung, Übersetzung, Reifen und Dämpfereinstellung nicht stimmen. Deshalb gehört neben der Vorbereitung des Fahrers auf eine Strecke eine ebensolche der Maschine. Der Fahrer, der das nicht beherrscht, befindet sich gegenüber seinem technisch versierten Kollegen im Nachteil - übrigens auch dann, wenn er einen guten Mechaniker hat, denn dieser braucht den Dialog mit dem Fahrer, um erfolgreicher Änderungen vornehmen zu können.

Ich gehörte zu jener Sorte von Fahrern, deren Interesse in erster Linie dem Fahren und erst in zweiter der Technik galt. Dementsprechend ahnungslos war ich oft und fragte dann andere, die zudem noch meine Konkurrenten waren, nach technischen Tips. Als ich bei einer Veranstaltung auf der Avus nach dem letzten Training, bei dem ich den dritten Startplatz herausfuhr, die Zündkerzen der Yamaha inspizierte, fand ich sie zu hell. Deshalb ging ich mit den Kerzen zum »kleinen Willi«, einem etwa 1,50 m großen Mann, der einmal Rennmechaniker bei den Adler-Werken war und in seiner Freizeit noch einige Adlermaschinen betreute, die noch dabei waren. Ich zeigte Willi die Kerzen, der sich zu dem lapidaren Kommentar hinreißen ließ: »Kurz vor'm Verrecke!« Mit dieser beruhigenden Information begab ich mich zu meiner Maschine zurück und düste fetter. Jetzt, so vermutete ich, würde die Maschine mit der gleichen Übersetzung wohl kaum noch ausdrehen, und so übersetzte ich sie hinten einen Zahn höher. So glaubte ich mich für das Rennen bestens gerüstet und wartete, die ganze Weite einer leeren dreispurigen Autobahn vor mir, gespannt auf das Startsignal. Als dieses dann erfolgte, sprang die Maschine nach drei Schritten an, und ich hatte einen tollen Start. Allein, weit vor allen anderen, schoß ich die leere Avus hinunter. Ein Wahnsinns-Hochgefühl überkam mich. Mit jedem Meter, den ich zurücklegte, wuchs der Glaube an einen möglichen Sieg. Ich fuhr schon eine Weile mit maximaler Drehzahl im letzten Gang, und in der Ferne war schon die Umkehrkurve auszumachen, als plötzlich Anton Mang mit seiner SMZ an mir vorbeipfiff, so daß ich noch nicht einmal den Schwanz des Windschattens mitbekam. Dieser Vorgang wiederholte sich dann noch fünfmal, bis die rettende Kurve erreicht war. Die fehlerhafte Einstellung der Maschine, mit der nun zu kurzen Gesamtübersetzung, kostete mich einen Platz unter den ersten Drei, denn nach der Kurve konnte ich zwar, dank der besseren Beschleunigung meiner Maschine, die Nummer Fünf überholen, das Spitzentrio aber blieb für mich unerreichbar, da mein Motorrad schon zu früh ausdrehte und dadurch ein effektives Windschattenfahren unmöglich gemacht wurde. Ein typisches Beispiel falscher Maschineneinstellung. Um solche Pannen zu vermeiden, sind Rennprotokolle, im Hinblick auf die Abstimmung des Motorrads, eminent wichtig. Dank des so gesammelten Wissens erarbeitet man sich über die Jahre einen Erfahrungsvorsprung. Motorradrennsport ist ein Sport mit sehr komplexen Anforderungen - nicht nur ein Maschinensport, wie viele meinen. Grob lassen sich die Anforderungsfaktoren in zwei Gruppen unterteilen (siehe Graphik). Die Vorbereitung auf eine Saison oder ein Rennen muß entsprechend ausfallen. Dabei werden zwei Strategien notwendig, eine langfristige, die die körperliche und die Maschinenvorbereitung für ein ganzes Jahr umfaßt, und eine kurzfristige, die auf die Probleme jedes Rennens eingeht. Die technischen Aspekte einer Maschinenpräparation über den Winter, die mit der Maschinenauswahl beginnt und über Leistungssteigerung und individuelle Anpassung der Maschine an die Besonderheiten des Fahrers geht, können hier nicht behandelt werden. Uns interessiert in erster Linie die Vorbereitung des Systems »Fahrer« für die gesamte Saison, aber auch für das einzelne Rennen.

Eine gezielte körperliche Vorbereitung auf eine Rennsaison muß sich über das ganze Jahr erstrecken und Trainingszustand und Belastungsniveau genau aufeinander abstimmen (siehe Graphik).

Das Training sollte fünf Bereiche umfassen:

    A. Konditionstraining
    B. Krafttraining
    C. Geländefahren
    D. Fahren mit der Rennmaschine
    E. Stretching

Duale Erfolgsfaktoren

Die Gewichtung der Bereiche A-E über den Zeitraum eines Jahres ist aus der Graphik zu ersehen. Die Bedeutung eines jeden Bereichs nimmt über den Zeitraum eines Jahres ab oder zu.

A. Konditionstraining:
Mit einem sinnvollen Konditionstraining sollten Sie Ihre allgemeine Fitneß so weit steigern, daß Sie ein Rennen ohne große körperliche Erschöpfung zu Ende fahren können. Jedes Nachlassen der körperlichen Kräfte hat eine Reduktion der möglichen Konzentrationsleistung zur Folge! Zumeist glaubt der Fahrer, er sei mit unverminderter Geschwindigkeit unterwegs, in Wirklichkeit aber wird er, durch körperliche Erschöpfung bedingt, unversehens in seinen Runden

164

System Fahrer:

Informationszugriff durch:

Sportwissenschaft/Sportmedizin/
Trainingslehre

System Maschine:

Technische Wissenschaften/
Maschinenbau/Fahrzeugbau

Die notwendigen Faktoren lassen sich differenzieren in:

1. Fahrtechnik

2. Kondition

3. Taktik (mentale Voraussetzungen)

4. Technisches Verständnis
   (Abstimmungsfertigkeit des Piloten)

1. Motor

2. Fahrwerk/Bremsen

3. Reifen

4. Aerodynamik

zeiten langsamer. Neben der Fähigkeit zum schnellen Fahren schwindet auch die Angriffslust.

Je mehr Sie mit ihrer Rennmaschine vertraut sind, desto weniger Anstrengungen bedeutet das Fahren. Umgekehrt verhält es sich ebenso: hohe Konzentrationsleistung führt zum Nachlassen körperlicher Kräfte (siehe Schachspieler). Deshalb gibt es auch Strecken, die Sie mehr körperlich belasten, obwohl Sie sich vom objektiven Schwierigkeitsgrad nicht unterscheiden. Die eine erfordert, bedingt durch spezifische Eigenarten, eine höhere Konzentrationsleistung. Seien Sie deshalb auf alle Eventualitäten vorbereitet, beherrschen Sie die Maschine perfekt und vernachlässigen Sie nicht Ihre körperliche Verfassung, nur dann können Sie wirklich Ihr Bestes geben.

Als ein sinnvolles Konditionstraining ist Laufen zu empfehlen. Man

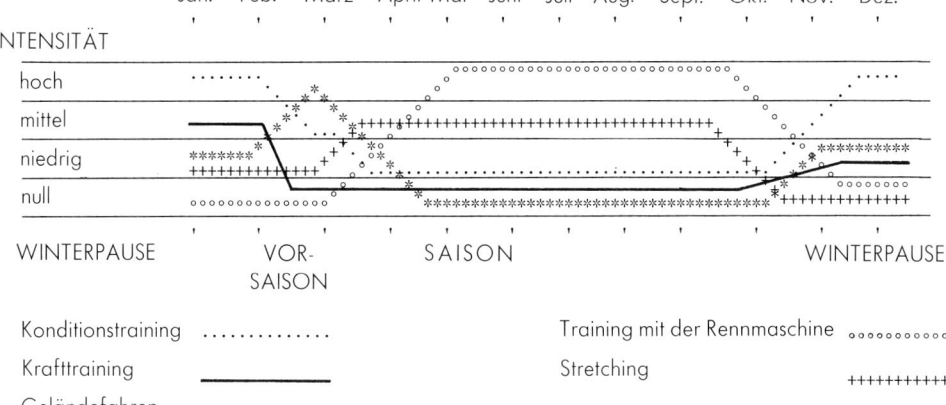

INTENSITÄT

Jan. Feb. März April Mai Juni Juli Aug. Sept. Okt. Nov. Dez.

hoch

mittel

niedrig

null

WINTERPAUSE   VOR-   SAISON   WINTERPAUSE
                          SAISON

Konditionstraining   ....   Training mit der Rennmaschine ∘∘∘∘∘∘∘∘∘∘

Krafttraining   ——————   Stretching   +++++++++++

Geländefahren   ∗∗∗∗∗∗∗∗∗∗∗∗∗∗∗

kann es leicht überall durchführen, und es ist eine sehr wirkungsvolle Kreislaufbelastung. Laufen Sie in der Winterpause täglich 30 -
45 min, wenn möglich in bergigem Gelände, oder alternativ dazu mit
Intervallsprints. Laufen Sie jeden Tag, es sei denn, Sie fühlten sich
krank. Bei einer Erkältung pausieren Sie bis zur Genesung und steigern dann wieder langsam Ihr Pensum Tag für Tag, bis Sie Ihren normalen Rhythmus erreicht haben.
Eine Alternative kann auch das Radfahren sein, vor allem mit einem
Mountainbike im Gelände. Zu meiner Zeit gab es so etwas noch
nicht, so fuhr ich mit dem alten Rad meiner Freundin ohne Gang-
schaltung eine steile Bergstrecke täglich hinauf und dann auf rutschigen Waldwegen volle Power bergab zurück. Das war nebenbei
ein wunderbares Fahr- und Reaktionstraining. Während der Vorsaison sollten Sie die Trainingsintensität drosseln. Wenn Sie sieben-
mal in der Woche gelaufen sind, reduzieren Sie auf dreimal.
In der Saison bleibt erfahrungsgemäß kaum noch Zeit für gezieltes
Training. Machen Sie dennoch kurze Läufe nach dem Training mit der
Maschine, auch wenn Sie dazu keine rechte Lust verspüren. Wenn
möglich, empfiehlt es sich, die Rennstrecke zu Fuß zu umrunden.
Laufen Sie während der Saison locker und gehen Sie nicht an Ihre
Grenzen. Der Lauf soll entspannen. Wenn die Startflagge fällt, brau-
chen Sie Ihr gesamtes körperliches Leistungspotential! Auf diesen
Augenblick müssen all Ihre Trainingsbemühungen ausgerichtet sein.
Ein Tip: Laufen Sie am Tag nach dem Rennen und lassen Sie dabei
die Geschehnisse Revue passieren.

B. Krafttraining:
Das Krafttraining ist kein Selbstzweck, sondern soll auf die

166

Anforderungen abgestellt sein, die der jeweilige Maschinentyp mit sich bringt. Zwar werden auch Rennmaschinen von ihren Konstrukteuren ergonomisch optimiert; wenn aber die Ergonomie einer höheren Geschwindigkeit im Wege steht, entscheidet sich der Techniker meist für eine technische Verbesserung der Maschine, auch wenn das zu Lasten der Bedienung geht.

Die Kupplung meiner ersten Produktionsracer Yamaha (TD 2b) ging höllisch schwer. Bei meinem ersten Rennen auf dem kleinen Kurs des Hockenheimrings verließ mich nach rund 15 Runden die Kraft in der linken Hand, und es war mir nicht mehr möglich, die Kupplung mit den Fingern zu ziehen. Raufschalten ohne Kupplung ging ja noch, aber beim Runterschalten war ohne sie nichts zu machen. Ich behalf mich damit, daß ich den Hebel mit dem Unterarm zurückdrückte. Dazu mußte ich einhändig fahren, war vor allem in der 160 km/h schnellen Fahrerlagerkurve ein besonderes Kunststück war. Nach diesem Erlebnis begann ich mit einem Tennisball, den ich mit der linken Hand zusammendrückte und später mit einem speziellen Trainingsgerät die Muskulatur der Hand zu kräftigen, so daß ich bald keine Probleme mehr mit der schwergängigen Kupplung hatte. Ein Jahr später kam ich auf den Gedanken, den Hebel an der Schnecke, die die Kupplung aushebt, zu verlängern, und siehe da - nach dieser Operation ging die Betätigung butterweich. Wie man sieht, gibt es oft mehr als einen Weg, ein Problem zu lösen.

Bei aller Trainingsbegeisterung denken Sie daran, daß Muskeln auch Gewicht bedeuten, das transportiert werden muß.

Als grobe Anhaltspunkte seien hier folgende Trainingsschwerpunkte genannt:

1. Muskulatur der Finger und Hände, zwecks Bedienung der Armaturen
2. Arme. Die Arme haben erhebliche Abstützarbeit zu leisten (Liegestützen, Bankdrücken usw.).
3. Bein- und Gesäßmuskulatur. Diese Muskulatur ist notwendig, um den Fahrer bei Brems- und Beschleunigungsmanövern zu fixieren.

Sie können sich heute schon mit wenig Geld eine auf Ihre Bedürfnisse hin ausgelegte »Folterkammer« einrichten oder aber auf die Angebote der Fitneßstudios zurückgreifen. Die preiswerteste Alternative sind immer noch die lokalen Sportvereine, die in den meisten Fällen über entsprechende Geräte verfügen. Dort bekommt man auch schnell Kontakt zu anderen Sportlern, und gemeinsam macht auch das etwas stumpfsinnige Krafttraining Spaß.

C. Geländefahren:
Wohl dem, der diese Möglichkeit in den Wintermonaten hat. Ich fuhr

seinerzeit die Maico 125 cm³ eines Händlers, und so hatte ich die Gelegenheit, die Moto Cross-Maschinen der gleichen Marke in der Winterpause ausgiebig zu bewegen. Die größten Schwierigkeiten bereiteten mir als Straßenfahrer im Gelände nicht die Kurven, sondern die Wellen und kurzen Sprünge, wenn es geradeaus ging. Die physischen Belastungen des Motorradfahrens treten beim Moto Cross etwa dreifach stärker als beim Straßenfahren unter extremen Bedingungen auf. Gleiches gilt für die extremen Maschinenreaktionen, also Ausbrechen des Hinterrads, Schleudern, Rutschen usw., die sich in dieser Häufigkeit relativ gefahrlos nur im Gelände trainieren lassen. Aus diesem Grund ist der physische Trainingseffekt bei Fahrten an der äußersten Belastungsgrenze sehr hoch. Nach meinem ersten Moto Cross-Sonntag kam ich nach Hause, aß zu Mittag und legte mich für ein halbes Stündchen aufs Ohr. Aufgewacht bin ich erst wieder am späten Abend.

Nach dem Moto Cross-Fahren bietet auch Trial (keine extreme Kletterei) eine gute Trainingsmöglichkeit für die Maschinenbeherrschung in der wettbewerbsfreien Zeit. Beim Trialfahren schulen Sie den Gleichgewichtssinn und erfahren Maschinenreaktionen im Zeitlupentempo. Haben Sie eine Trial- oder Moto Cross-Maschine, so nehmen Sie, wenn möglich, nur in der rennfreien Zeit an Geländeveranstaltungen teil. Ein Wettbewerb, gleich welcher Art, ist immer ein gutes Training, um mit Streß und Anspannung einer Wettkampfsituation klarzukommen. Erst wenn Sie in der Lage sind, unter den schlechtesten Bedingungen noch Höchstleistung zu erbringen,

**Du mußt dir nur vorstellen
es wäre eine Hauptstraße**

168

werden sich die ganz großen Erfolge einstellen. Wer die Vielfalt des Motorradsports aus Überheblichkeit oder welchen Gründen auch immer ignoriert, bringt sich selbst um seine Chancen!

Merke: Lerne den perfekten Umgang mit dem Motorrad unter allen Straßen- und Geländebedingungen. Erst durch diese Fähigkeit wird es dem Spitzenmann möglich, in einer Spezialdisziplin überragende Leistungen zu erbringen.

Ein leuchtendes Beispiel gibt hier Sammy Miller, der in fast allen Motorradsportarten zu Höchstleistungen fähig war. Er gewann den Ulster Grand Prix und die Scottish Six Days. Seinen großen internationalen Ruhm errang er schlußendlich als Trial-Fahrer.

Wie Sie der Tabelle entnehmen können, liegt der Schwerpunkt für Geländeaktivitäten in der Vorsaison. So steigen Sie mit geschärften Sinnen auf Ihre Rennmaschine und sparen eine Menge Adrenalin.

D. Training mit der Rennmaschine:
Das beste Training fürs Tennisspielen, erläuterte Björn Borg einmal lapidar, ist Tennisspielen. Dies gilt uneingeschränkt auch für Motorradrennen. Die Engländer waren jahrelang vor allem deshalb so erfolgreich, weil auf der Insel sehr viele Veranstaltungen durchgeführt wurden und die Rennsaison jeweils früher startete als auf dem Kontinent. Unvergeßlich ist mir, als ich mit frisch aufgebauter und lackierter Maschine zu meinem ersten Rennen in Holland eintraf und als erstem Tom Herron, einem schnellen Engländer, einen Besuch abstattete. Dabei sah ich, daß er die Auspuffbirnen seiner Yamaha schon fast durchgeschliffen hatte. Das macht einem so richtig Mut, vor allem dann, wenn man selbst noch allergrößte Mühe hat, nach einer langen Winterpause mit dem Gerät überhaupt klarzukommen.
Versuchen Sie deshalb, vor der Saison ausreichen Trainingsmöglichkeiten sicherzustellen. Rennstrecken, auf denen man trainieren kann, sind rar, deshalb muß man sich nach entsprechenden Möglichkeiten umsehen. Das können Verkehrsübungs- und Flugplätze, grüne Planwege und permanente Rennstrecken sein.

Verkehrsübungsplätze
Je nachdem, wer die Verfügungsgewalt über einen solchen Platz hat (z.B. private Fahrschulen, lokale Motorsportclubs, ADAC usw.) und wie die Lage des Platzes ist (Lärmschutz), kann eine solche Anlage

für Trainingszwecke gemietet werden. Auch der ADAC weicht mit seinen Grundlehrgängen Rennsport aus Kostengründen gern auf Verkehrsübungsplätze aus. Mit ein paar Pylonen und Markierungskreide lassen sich oft sehr effektive Kurven Kombinationen abstecken. Wer zum Beispiel das erste Mal in seinem Leben bei einem Flugplatzrennen eine Kastenschikane gefahren ist (drei zueinander versetzte Reihen-Kästen), wird sehr rasch die Notwendigkeit erkennen, eine solche Kurvenlinie systematisch zu trainieren.

Flugplätze und grüne Planwege
Bei kleinen Flugplätzen (Sportfliegerei) bietet sich manchmal Gelegenheit, die Maschine auszuprobieren, in jedem Fall gibt es eine lange Gerade, auf der man die Maschine hochbeschleunigen kann. Im Prinzip nicht anders verhält es sich mit einem grüne Planweg. Zum Fahren auf solchen meist gemeindeeigenen Wegen ist die Genehmigung des Stadtrats beziehungsweise des Bürgermeisters nötig. In beiden Fällen, also Landepiste und grüner Planweg, kann von einem effektiven Training nicht die Rede sein, dennoch können hier Umbauten an der Maschine ausprobiert werden, und der Fahrer kann sich etwas mit der Maschine vertraut machen. Beide Alternativen sind also besser als nichts!

Permanente Rennstrecken
Optimal ist das Training mit der Rennmaschine auf einer permanenten Strecke, wie Hockenheim, Salzburgring, Nürburgring. Meist sind aber weite Anfahrtswege zu absolvieren und, was noch ärgerlicher ist, eine sehr hohe Streckenmiete plus der obligatorischen Versicherung zu entrichten.
Die billigere Alternative ist die Teilnahme an Fahrerlehrgängen und Wettbewerben. Dennoch sollte der Fahrer versuchen, sich bei Saisonbeginn mit der Wettbewerbsmaschine auf der Rennstrecke während eines mindestens 60 Minuten dauernden Trainings vertraut zu machen. Oft bieten auch Clubs zum Saisonauftakt entsprechende Trainingsveranstaltungen auf permanenten Rennstrecken an. Informieren Sie sich über die Termine und planen Sie sie fest in Ihre Vorbereitung mit ein. Denn ein erfolgreicher Rennfahrer muß vor allem drei Dinge tun: 1. Rennen fahren, 2. Rennen fahren, 3. Rennen fahren! (Das kostet am Anfang Geld, leider).

Stretching

Nacken und Rücken
Diese Übung können Sie auf der Maschine sitzend durchführen.

Rollen Sie den Kopf langsam in einem Vollkreis. Nach drei Umdrehungen stoppen Sie die Bewegung und halten den Kopf für kurze Zeit nach hinten gekippt. Dann führen Sie die Übung in umgekehrter Richtung erneut durch. Dauer etwa 25 Sekunden.

Hüfte

Sie liegen auf dem Rücken und haben beide Stiefelsohlen aneinandergelegt. Lassen Sie nun die Knie auseinanderfallen, ohne die durch die Schwerkraft bedingte Abwärtsbewegung der Knie zu forcieren. Entspannen Sie sich und bleiben Sie für ca. 40 Sekunden in dieser Position.

Rücken

Diese Übung hilft auch, um Verspannungen im Bereich des Rückens und des Nackens zu lösen. Verschränken Sie dazu Ihre Hände hinter dem Kopf und ziehen Sie diesen dann leicht nach vorn, bis Sie eine leichte Dehnung verspüren. Bleiben Sie dann für 5-10 Sekunden in dieser Haltung, entspannen Sie sich danach und wiederholen Sie die Übung (fünfmal insgesamt). Diese Übung verschafft Kopf und Nacken höhere Mobilität.

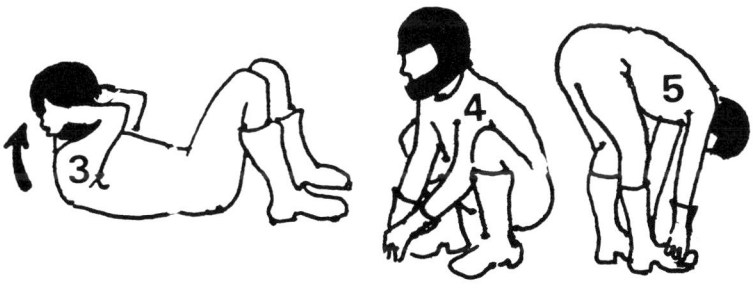

Rücken

Aus dem Stand gehen Sie in die Hocke und zwar so, daß sich Ihre Knie in Höhe der Schulter befinden. Bleiben Sie für 30 Sekunden in dieser Haltung.

Rücken und Hüfte

Sie stehen, die Füße etwa schulterbreit auseinander, und bewegen den Oberkörper langsam in der Hüfte nach vorn. Vergessen Sie dabei nicht, die Knie leicht zu beugen. Lassen Sie nun Arme und Kopf entspannt herabhängen. Führen Sie diese Dehnungsübung auf keinen Fall so durch, daß Sie Schmerzen haben. Konzentrieren Sie sich während der Übung auf die Dehnung der Oberschenkel- und Gesäßmuskulatur. Dauer etwa 5-20 Sekunden.

Knie und Fußgelenk

Nehmen Sie mit der dem Fuß jeweils entgegengesetzten Hand diesen (rechte Hand/Linker Fuß, linke Hand/rechter Fuß) und ziehen ihn zum Gesäß. Das Knie des Standbeins ist leicht gebeugt. Dauer der Übung für jedes Bein 30 Sekunden.

Beine

Sie sitzen am Boden, haben beide Stiefelsohlen aneinander gelegt und umfassen diese mit den Händen. Nun beugen Sie den Oberkörper vor, bis Sie eine leichte Dehnung verspüren. Ziehen Sie dabei den Kopf nicht zwischen die Schultern, sondern lassen Sie ihn gerade und blicken Sie nach vorn. Dauer 30 Sekunden.

Beine und Hüfte

Setzen Sie Ihren Fuß auf eine Mauer, Anhänger, Stoßstange oder ähnliches. Beugen Sie das Knie, indem Sie ihre Hüfte nach vorn schieben, bis Sie eine Dehnung im Oberschenkel und Gesäß spüren. Behalten Sie diese Stellung etwa 30 Sekunden lang bei und führen Sie dann die Übung in derselben Zeitdauer mit dem anderen Bein durch. Mit dieser Übung verbessern Sie die Beweglichkeit Ihrer Beine.

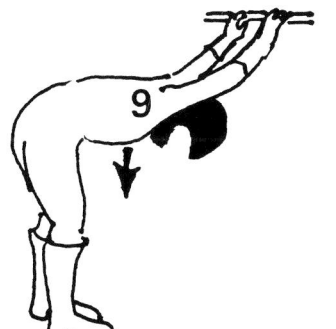

Oberkörper

Legen Sie Ihre Hände auf das Dach eines Pkw oder eines ähnlich hoch stehenden feststehenden Platzes in Schulterbreite auf und beugen Sie die Knie so, daß sich Ihr Oberkörper nach unten bewegt. Die Hüfte sollte sich genau über den Füßen befinden. Bleiben Sie in dieser Haltung für 30 Sekunden.

Hüfte und Beine

Bei dieser Übung ruht das eine Knie am Boden, während das andere Knie gebeugt ist (in einer Linie mit dem Fußknöchel). Ohne die Position des am Boden befindlichen Knies zu verändern wird die Hüfte abgesenkt. Die dabei entstehende leichte Spannung wird über einen Zeitraum von 30 Sekunden gehalten.

Arme und Schultern

Legen Sie Ihren Arm hinter den Kopf, so daß die Hand auf dem dem Arm entgegengesetzten Schulterblatt liegt, und drücken Sie mit der anderen Hand den Arm vorsichtig nach unten, bis Sie eine Dehnung verspüren. Dehnen Sie bei Seiten je 15 Sekunden lang.

Beine

Legen Sie den Stiefel auf das Sitzpolster Ihrer Maschine. Beugen Sie nun den Oberkörper vor und umfassen Sie mit angewinkelten Armen Ihren Fußknöchel. Entspannen Sie sich und halten Sie diese Position 15 Sekunden. Danach wiederholen Sie den Ablauf mit dem anderen Bein.

Arme und Schultern

Verschränken Sie Ihre Finger mit nach oben zeigenden Handflächen

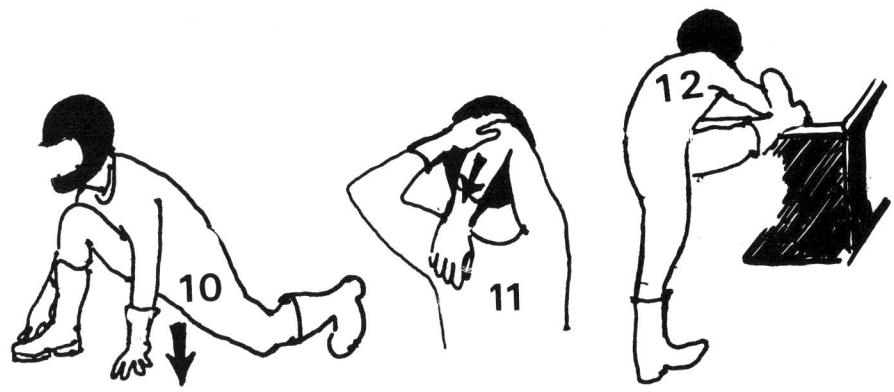

über Ihrem Kopf. Drücken Sie nun Ihre Arme nach oben, bis Sie eine Dehnung verspüren. Halten Sie diese Position für etwa 15 Sekunden. Achten Sie darauf, während der Übung bewußt zu atmen und keinesfalls den Atem anzuhalten.

Arme und Schultern
Verschränken Sie die Hände hinter dem Rücken und heben Sie die Arme, bis Sie in Armen, Schultern und Brustbereich eine Dehnung verspüren. Bleiben Sie 10-15 Sekunden in dieser Haltung.

Rücken und Schultern
Nehmen Sie, im Stand mit leicht gebeugten Knien, Ihre Ellenbogen hinter den Kopf und beugen Sie die Hüfte zur Seite. Führen Sie die Übung nach rechts und links durch. Dauer je 10 Sekunden.

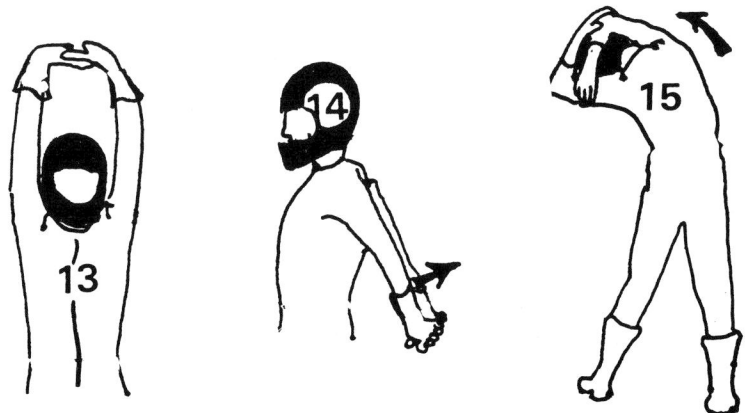

2. Die wichtigsten permanenten Rennstrecken in Ost- und Westeuropa

Deutschland
Hockenheim
Hockenheimring GmbH, Motodrom, 68766 Hockenheim,
Tel: 06205/7021
Nürburgring
Nürburgring GmbH, 53520 Nürburg, Eifel
Tel: 02691/302173
Schleiz
MSC Schleizer Dreieck, Geraer Straáe 19a, 07907 Schleiz,
Tel: 03663/2392

Österreich
Salzburgring
IGMS Salzburgring, Münchner Bundesstraße 9, A-5020 Salzburg,
Tel: 0043/62217301
Österreichring
Österreichring GmbH, Österreichringstr. 2, A-8720 Knittelfeld,
Tel: 0043 / 3577229280

Belgien
Spa Francorchamps
Circuit de Spa Francorchamps, Route de l'Eau Rouge 280,
B-4878 Stavelot, Tel: 0032 / 87275138
Zolder
Omloop Terlamen Zolder, Kontoletoren B-3450 Zolder,
Tel: 0032 / 11423943

Frankreich
Ledenon
Circuit de Ledenon, F-30210 Ledenon, Tel: 0033 / 66372775
Le Mans
Circuit Bugatti, Automobile Club de l'Ouest, Cedex 19,
F-72040 Le Mans, Tel 0033 / 43725025
Magny-Cours
Circuit de Nevers Magny Cours, ASM de Nevers Magny Cours,
F-58470 Magny Cours, Tel: 0033 / 86212074

Nogaro
Circuit Automobile Paul Armanac Nogaro, Boite Postale 24,
F-32110 Nogaro, Tel: 0033 / 62090249
Paul Richard
Circuit Paul Ricard, Route Nationale 8, F-83330 Le Beausset,
Tel: 0033 / 94907490
Pau
Circuits Pau-Arnos, F-64370 Arnos, Tel:0033 / 59771136

Großbritannien
Brands Hatch
Circuits Ltd. Fawkham, Longfield, Kent, DA3 8NG,
Tel: 0044 / 474872331
Donigton Park
Donington Park Racing Ltd, Castle Donington/Derby DE7 2RP,
Tel: 0044 / 332810048
Silverstone
Silverstone Circuits Ltd, Silverstone, near Towcester,
Northamptonshire NN12 8TN, Tel: 0044 / 327857271

Italien
Imola
Autodromo Dino Ferrari, Via Baracca, I-40133 Bologna,
Tel: 0039 / 54231444
Misano
Autodromo Santamonica, Via del Carro 27, I-47046
Misano≤Adriatico/Rimini, Tel: 0039 / 541615221
Monza
Autodromo Nazionale di Monza, SIAS S.p.A.,
I-20052 Monza (Parco), Tel: 0039 / 39320324
Mugello
Autodromo Internazionale del Mugello, I-50038 Scarperia,
Tel: 0039 / 558495800
Vallelunga
Autodromo di Vallelunga, ACI, Sport SPA,
00063 Campagnano di Roma 0039 / 69041009

Niederlande
Assen
Stichting Circuit van Drenthe, TT Bureau, Postbus 150,
NL-AD 9400 Assen, Tel: 0031 / 592055000

Kroatien
Rijeka
Auto Moto Club Kvarner Rijeka, P.P. 68,
YU-51000 Rijeka, Tel: 0038 / 51617777

Portugal
Estoril
Clube Desportivo do Autodromo, Apartado 4,
2766 Estoril Codex, Tel: 00351 / 14691462

Ungarn
Hungaroring
2146 Mogyorod, pf 10, Forma 1, Gozdosagi Tarsasag,
H-1136 Budapest, Tel: 0036 / 532640

Schweden
Anderstorp
Scandinavian Raceway, Anderstorp Racing Club, Box 180,
S-33400 Anderstorp, Tel: 0046 / 37116170

Spanien
Calafat
Circuit Calafat, Provenza, 36720, E-Barcelona 25,
Tel: 0034 / 32072774
J rama
Circuito Parmanente del J rama, Real Automobil Club de Espana,
Jos, Abascal 10, E-28003 Madrid, Tel: 0034 / 14473200
Jerez
Circuito de Jerez, Ctro de Arcos, km 10, Apartado 1709,
E-11401 Jerez de la Frontera, Cadiz, Tel: 0034 / 56349812
Montmel¢
Circuit de Catalunya, RFME, General Pardinas 71-1,
E-28006 Madrid, Tel: 0034 / 12625342

Tschechien
Brünn
Autodromo Brno, Automotoklub Brno, Basty 8, CR-65743 Brno,
Tel: 0042 / 5762345
Most
Autodrom Most, Tyrzov, CR-43400 Most, Tel: 0042 / 35796906

3. Praktische Übungen

Beim Motorradfahren gilt, wie überall: Übung macht den Meister. Es ist noch kein Meister vom Himmel gefallen, aber jede Menge Anfänger vom Motorrad. Doch vor den praktischen Beispielen noch etwas Theorie:
Wenn man übt, muß man wissen, was man erreichen möchte. Jeder motorische Lernvorgang unterteilt sich in drei Phasen:

1. Phase - Entwicklung der Grobkoordination
2. Phase - Entwicklung der Feinkoordination
3. Phase - Stabilisierung der Feinkoordination und Entwicklung der variablen Verfügbarkeit

Für die Praxis heißt das: Vom Leichten zum Schweren und vom Einfachen zum Komplexen. Schließlich ist das, was an motorischen Fähigkeiten von uns Motorradfahrern verlangt wird, ist eigentlich ganz schön schwierig:

a) Schräglage aufbauen (Abb. 1 + Abb. 2 + Abb. 5)
b) Bremsen (Abb. 3)
c) Manövrieren (Abb. 1 + Abb. 4 + Abb. 5)
d) Beschleunigen/Schalten (Abb. 1 + Abb. 3)

Bevor man mit den Übungen beginnt, sollte man darauf achten, daß die Übung mit einem vertretbaren Risiko für Personen durchführbar sein und ihr Lernerfolg objektiv überprüfbar sein muß. Außerdem sollte der Aufwand an materiellen Mitteln möglichst gering sein und die Übungen überall durchführbar.

Wie gut es um Koordinationsfähigkeit und motorische Fertigkeiten bestellt ist, läßt sich anhand folgender Übungen messen:

1. Slalom auf Asphalt mit schnellen Richtungsänderungen
2. Schnelle Acht
3. Zielbremsung mit Hochbeschleunigen
4. Langsamfahrübung (pro m ca. 1,5 s)
5. Slalom mit versetzten Pylonen

Slalom:
Durchführung und Aufbau:
Eine Strecke von 154 m unterteilt sich wie folgt: Nach der Einfahrt folgt nach 14 m die erste zu umfahrende Pylone. Der Abstand zu den folgenden Pylonen beträgt 14 m. Es sind zehn Pylonen. Nach der letzten Pylone kommt nach 14 m das Ziel. Die Einfahrt in den Slalom erfolgt von rechts
(Abb. 1).

178

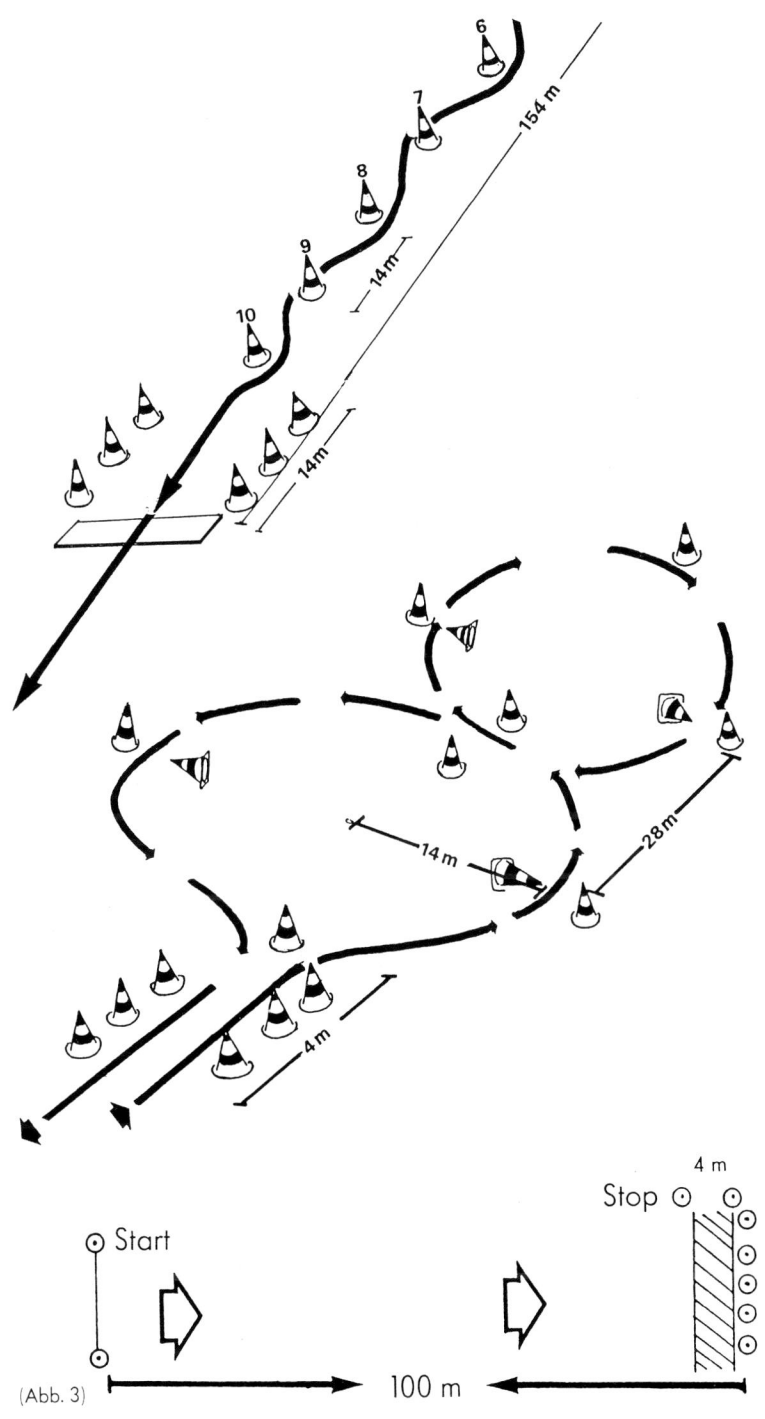

6

7

8

9

10

154 m

14 m

14 m

28 m

14 m

4 m

4 m

Stop

Start

100 m

(Abb. 3)

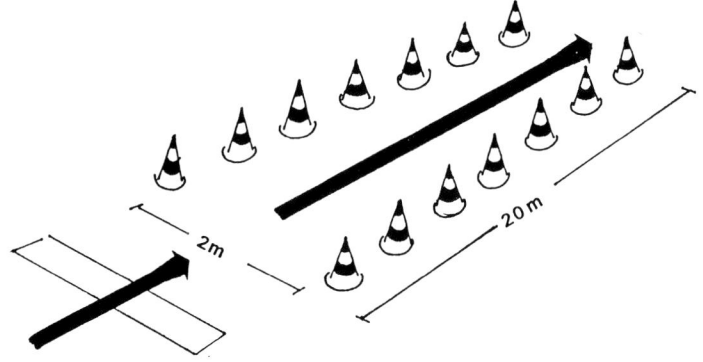

2m

20 m

FAHRÜBUNGEN

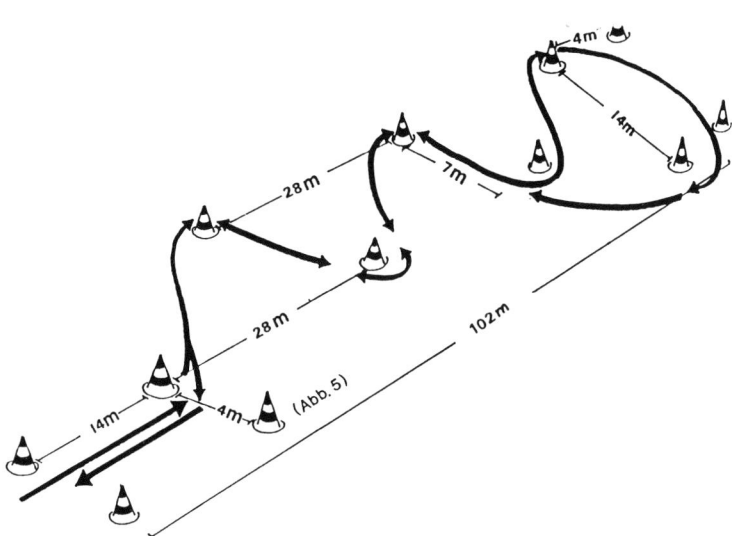

4 m

14 m

28 m

7 m

28 m

102 m

14 m

4 m (Abb. 5)

Meßgröße: Zeit
Maßeinheit: Sekunden
Meßinstrument: Stoppuhr

Schnelle Acht:
Durchführung und Aufbau:
Eine Acht, die aus zwei Kreisen mit einem Radius von 14 m besteht, wird, nach einer Einfahrt von 4 m, durchfahren. Die Einfahrt in die Acht erfolgt von rechts (Abb. 2).

Meßgröße: Zeit
Maßeinheit: Sekunden
Meßinstrument: Stoppuhr

Zielbremsung:
Durchführung und Aufbau:
Der Fahrer beschleunigt seine Maschine, schaltet hoch und hält dann in einem Halteraum von 4 m Länge an. Die Gesamtstrecke beträgt 100 m. Kommt die Maschine vor oder nach dem Halteraum zum Stehen, ist die Übung ungültig. Die Übung erfolgt in drei Phasen:

    1. Phase - bremsen mit der Hinterradbremse
    2. Phase - bremsen mit der Vorderradbremse
    3. Phase - bremsen mit beiden Bremsen (Abb. 3).

Tabelle der Durchschnittsgeschwindigkeiten: Slalom (Schweizer) Abb. 1

Sekunden	Durchscnitt in km/h
10	55,44
10,5	52,9
11	50,49
11,5	48,2
12	46,2
12,5	44,35
13	42,64
13,5	41,06
14	39,59
15	36,95
19	29,17
20	27,71

Tabelle der Durchschnittsgeschwindigkeiten: Doppelacht (Abb. 1)

Sekunden	Durchschnitt in km/h
30	21,6
29	22,34
28	23,14
27	24
26	24,92
25	25,92
24,5	26,44
24	27
23,5	27,69
23	28,17
22,5	28,8
22	29,5
21,5	30,15
21	30,85
20,5	31,61
20	32,39

Meßgröße: Zeit
Meßeinheit: Sekunden
Meßinstrument: Stoppuhr

Langsamfahrübung:
Durchführung und Aufbau:
Eine Strecke von 20 m Länge und 2 m Breite soll in möglichst langer Zeit durchfahren werden, ohne daß der Fahrer seinen Fuß absetzt (bei Bodenberührung ist die Übung ungültig). (Abb. 4)
Meßgröße: Zeit
Meßeinheit: Sekunden
Meßinstrument: Stoppuhr

Slalom mit versetzten Pylonen:
Durchführung und Aufbau:
Die Slalomstrecke ist in ihrer Gesamtlänge 102 m lang. Sie besteht aus zwei zueinander versetzten Linien. In jeder Linie beträgt der Pylonenabstand 28 m. Die Linien sind um 7 m zueinander versetzt. Die Einfahrt beträgt 14 m, die Rückführung erfolgt in einem Rechteck mit den Maßen 4 m mal 14 m (Abb. 5).
Meßgröße: Zeit
Meßeinheit: Sekunden
Meßinstrument: Stoppuhr

Wertung

Die Graphiken Abb. 1 bis Abb. 5, denen Versuchsfahrten während einer Ausbildung zum Trainer-B zugrunde liegen, vermitteln einen guten Eindruck von den Durchschnitts- und Spitzenzeiten einer solchen Übung. Der Vergleich mit den eigenen Ergebnissen dürfte höchst aufschlußreich sein. Daß solche Übungen nur auf nichtöffentlichen Straßen und Plätzen erfolgen kann, versteht sich von selbst.

Slalom (Schweizer)

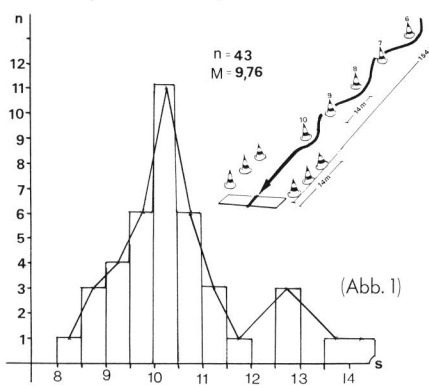

n = 43
M = 9,76

(Abb. 1)

Brems- und Beschleunigungs- übung

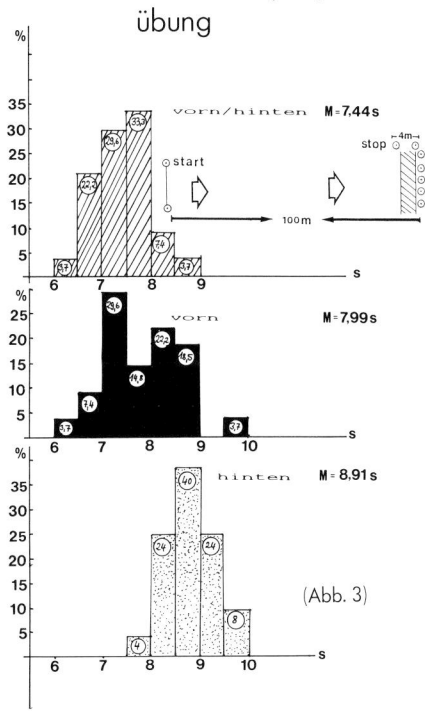

vorn/hinten   M = 7,44 s

start   stop

vorn   M = 7,99 s

hinten   M = 8,91 s

(Abb. 3)

Acht

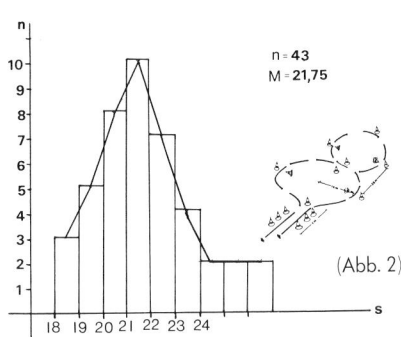

n = 43
M = 21,75

(Abb. 2)

Slalom

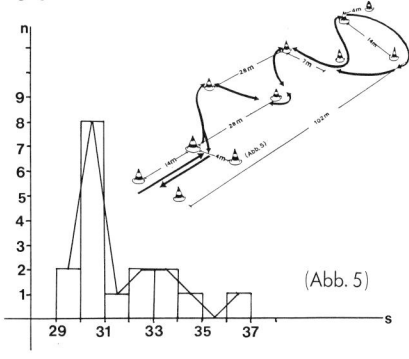

(Abb. 5)

Langsamfahrübung

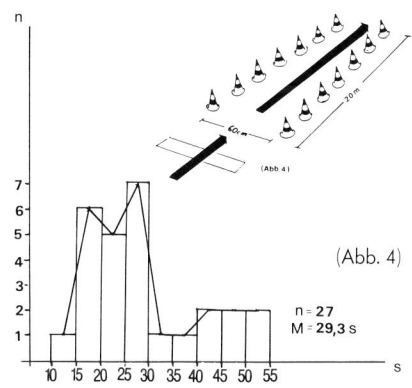

(Abb. 4)

n = 27
M = 29,3 s

M = Mittelwert
n = die Anzahl der Versuche
s = die Zeit (Sekunden)

Wochenplanung

Monat:

Datum	Arbeit	Strecke	Intervall	Fahren	Circle Training	Kraft Training	Rennen	Bemerkungen (Wetter, Strecke, Intervall-Länge, Verletzungen, Rennerfolge)	Gewicht	Pause Puls
7/5	R			2			X	Hockenheim, kleiner Kurs, +18°, trocken — 125 cm³: Ausfall (Motorschaden) — 250 cm³: 2. Platz	73	46
8/5								aktive Erholung: Werkstattarbeit/Kino+ Spazierengehen	72	45
9/5	S		1/2					Stretching: morgens/abends je 10 min	73,5	44
	L		1/2			1/2		Laufen: 2 Intervalle a 15 min		
10/5	R			1				Testfahrt Nürburgring 2 x 10 Runden (125/250)	73	45
	L		1/2					Laufen: 2 x 10 min, Stretching: morgens		
	S		1/4							
11/5	L	1/2						Laufen: 4 km	72,5	46
	S		1/4					Stretching: morgens/abends		
12/5	S		1/4		1			Stretching: morgens/abends — Anreise nach Passau/Bergrennen am Abend	73	45
13/5	R			1/4				Training zu Bergrennen 125 cm³ und 250 cm³	73,5	45
	L	1/4			1	1/2		Laufen: 15 min		
	S									
Gesamt	R			3 1/4						
	L	3/4	1/2							
	S		1 1/4							

Stunden, km, Runden

Bemerkungen

Gesamt	R	3 1/4
	L	1 1/4
u.A.	S	2 3/4

= 7 1/4 Stunden

L= Lauftraining, K= Krafttraining, S= Stretching, G= Geländefahren, R= Rennenfahren

Jahresplan

Perioden →	Ruhe-Periode								Kondit.Train.-Periode									Spez.-Train.-Periode										Renn-Periode																									
Monate	Okt.				Nov.				Dez.					Jan.				Febr.					März					April				Mai				Juni				Juli				Aug.					Sept.			
Wochen	40	41	42	43	44	45	46	47	48	49	50	51	52	1	2	3	4	5	6	7	8	9	10	11	12	13	14	15	16	17	18	19	20	21	22	23	24	25	26	27	28	29	30	31	32	33	34	35	36	37	38	39
Rennen																								X	X	X	X	X	X	X	X	X	X	X	X	X	X	X	X	X	X	X	X	X	X	X	X	X	X	X	X	X
Tests	X															X										X																										
Gesundheitskontrollen							X																		X																										
Trainings Planung Stunden	0	1	1	2	3	3	3		4	6	8	12	12	15	15	15	17	17	19	19	15	15	15	12	12	10	11	11	11	11	11	11	11	11	11	11	11	11	11	11	11	11	11	11	11	11	11	11	8	8	6	4
Art	L	L	L	L	L	L	L	L	K	K	K	K	K	K	K	K	K	G	G	G	G	G	R	R	R	R	R	R	R	R	R	R	R	R	R	R	R	R	R	R	R	R	R	R	R	R	R	R	R	R	R	R
(Stretching)																							S	S	S	S	S	S	S	S	S	S	S	S	S	S	S	S	S	S	S	S	S	S	S	S	S	S	S	S	S	S
Spezial Training (Fahren)																									X	X					X	X																				
Circle Training									X	X	X	X	X	X	X	X	X	X			X		X	X	X	X		X		X		X			X		X			X				X			X		X			
Kraft Training									X	X	X	X	X	X																																						
Allgem. Training									X	X	X	X	X	X					X				X			X			X			X			X		X			X			X			X					X		
Anmerk. zum Training																																																				

L= Lauftraining, K= Krafttraining, S= Stretching, G= Geländefahren, R= Rennenfahren

4. MOTO aktiv: der Einstieg in den Motorradsport
von Wolf Töns

Tja, so ist das nun mal: Motorradfahren ist Sport, und sobald es auf die Rennstrecke geht, auch Leistungssport. Und bei dem steht ein Gesetz ganz oben: Hier geht es um Platz und Sieg, und damit kämpft jeder gegen jeden.

Muß das so sein? Auf der Rennstrecke führt an diesem Gesetz weder innen noch außen ein Weg vorbei, aber der Sport findet ja nicht nur auf der Rennstrecke statt, sondern ist eingebettet in eine Idee und eine Infrastruktur. Und in diesen beiden Punkten steht bei MOTO aktiv das Gemeinsame im Vordergrund: Alle für Alle - statt Jeder gegen Jeden.

Ein paar Beispiele gefällig? Fahrerinnen und Fahrer, die sich in der Serienmaschinentrophy auf der Bremse beharken, versehen bei anderen Rennen einträchtig als Streckenposten ihren Dienst oder leiten als Instruktoren Fahrerlehrgänge. Aktive aller Disziplinen arbeiten in ihren Arbeitsgruppen mit, in denen Kurs- und Veranstaltungsinhalte besprochen und weiterentwickelt und der Jahreshauptversammlung als beschlußfassendem Gremium vorgetragen werden. Und nicht zuletzt wird bei MOTO aktiv der Teamsport traditionell groß geschrieben:

Langstreckenrennen mit bis zu vier Fahrerinnen und Fahrern beim 24 Stunden-Rennen oder Gespann-Wettbewerbe, bei denen es ebenso auf Teamwork ankommt, genießen einen besonderen Stellenwert.

Das ist MOTO aktiv: Keine Oberste Behörde, sondern ein gemeinnütziger Verein, bei dem jeder mitmachen kann und soll, der Spaß am und mit dem Motorrad hat und noch mehr davon

Die Routiniers der MOTO AKTIV Streckensicherung sind Garanten für sicheren Motorradsport auf der Rennstrecke.

186

Rund 200 ehrenamtliche Helferinnen und Helfer sind nötig, um das 24-Stunden-Rennen von MOTO AKTIV von Nevers Magny Cours zu organisieren.

haben will. Sei es auf der Straße oder im Gelände, als Einsteiger oder gestandener Amateur, als Fahrer oder Schrauber, als Solist oder Dreibeiner, als Racer oder Tourer. MOTO aktiv ist für alle da, für alle offen.

Rückgrat des Vereins sind die Mitglieder, viele von ihnen als ehrenamtliche Helfer in ungezählten Funktionen doppelt wertvoll. 3000 Mitglieder zählt MOTO aktiv im zehnten Jahr seines Bestehens - soviel Motorrad-Aktive versammeln sich in Deutschland sonst nirgends unter einem Dach. Ihre Aktivitäten werden koordiniert von den hauptamtlichen Mitarbeitern des Vereins in der Geschäftsstelle in Cölbe-Reddehausen, von wo aus auch die Verwaltung und Planung der Veranstaltungen geführt wird.

Denen unterliegt auch der undankbarste Job des Jahres: Die Termine zum Veranstaltungskalender zusammenzuführen, der einmal im Jahr erscheint. 130 Veranstaltungen aller Art fließen so Jahr für Jahr zusammen - das kommt dabei heraus, wenn jeder für jeden Moto-aktiv ist.

Das Integrative Motorradtraining

Da, wo es um die motorisierte Fortbewegung auf zwei oder drei Rädern geht, hängt alles miteinander zusammen. Denn wer bereits Erfahrungen in einer Sparte gesammelt hat, wird diese Erfahrung immer mitnehmen, wenn er einen Ausflug in eine andere unter

187

Hohe fahrerische Kompetenz ist eine der Bedingungen für die Teilnahme an einer Ausbildung zum Instruktor.

nimmt. Das ist ein Grundgedanke des Integrativen Motorradtrainings, der Grundlage für alle Veranstaltungsangebote von MOTO aktiv.

Der andere ist der, daß der Rennsport bei MOTO aktiv nicht außen vor bleibt, sondern Teil des Ausbildungsprogramms ist. Trainiert jemand, lernt jemand mehr als Rennfahrer, die ihre Fahrzeugbeherrschung stets optimieren (müssen), um nach vorne zu kommen? Darum: Gleich ob Renn- oder Fortbildungs-Veranstaltung - alles hat seinen Platz im Integrativen Motorradtraining.

Denn: Wer eine Sache zum Spaß macht, lernt auch etwas dabei. Und wer etwas lernen möchte, will und soll auch Spaß dabei haben. Der Unterschied liegt nicht in der Art, sondern der Intensität. In jedem Fall handelt es sich um eine ganz persönliche Fortbildung, und genau dies ist das Ziel von MOTO aktiv, deutlich gemacht im Belnamen: »Fortbildungs- und Schulungseinrichtung für Zweiradfahrer e.V.«

Und sich weiterbilden, das kann jeder. Darum ist das Integrative Motorradtraining in fünf Erfahrungsstufen unterteilt, Phasen für Teilnehmer/innen mit unterschiedlichem Erfahrungs- und Kenntnishorizont also, die sich in allen Motorradsport-Sparten wiederfinden:

1. Einstiegsphase für den Motorrad-Nachwuchs, der mit Mofa, 80er

oder Roller mehr will, als nur zur Schule oder Arbeit zu fahren.

2. Beginner-Phase für Einsteiger und Wiedereinsteiger, die sich in aller Ruhe, fernab von der Hektik und Gefahr des Straßenverkehrs fit machen wollen für diesen. Klares Ziel dabei: Die Teilnehmer/innen sollen mit dem Motorrad fahren - nicht das Motorrad mit ihnen.

3. Orientierungsphase für alle, die dazulernen wollen - sei es in der ihnen bereits vertrauten Motorradsparte oder in einer neuen.

4. Intensivphase für Motorradfahrer/innen, die eine solide Praxis in einer Sparte - beispielsweise in der Serienmaschinentrophy - haben und durch gezieltes Trainieren und Üben in einem Speziallehrgang dieses Wissen vertiefen möchten.

5. Rennsport- und Lizenzphase für diejenigen, die ernst machen und Motorradsport als Leistungssport betreiben wollen: Sei es im Bereich des OMK-Sports, wo sie das MOTO aktiv Racing Team betreut oder bei den Extremveranstaltungen von MOTO aktiv, wie dem 24 Stunden-Rennen, an dem nur teilnehmen kann, wer sich zuvor in der SMT qualifiziert hat.

In diese Phasen läßt sich das komplette Programm von MOTO aktiv aufteilen. Dabei spielt es keine Rolle, ob die Veranstaltungen Lehrgänge (lernorientiert) oder Sportangebote (spaßorientiert) sind - wie gesagt, der Unterschied liegt in der Intensität.

Straßenrennsport auf verschiedenen Leistungsebenen - in der Rennfahrerschule wird man fit gemacht für die Piste.

Welches Lehrgangs-Angebot er für sich als richtig empfindet, kann jeder selbst herausfinden, in dem er sich (auch mit Hilfe der Instruktoren) einer Zielgruppe zuordnet. Auch hier gibt es fünf Stufen, die bei den Fahranfängern, die ihre Unsicherheiten abbauen möchten, beginnen, weiterführen über die ersten Rennstreckenschritte (als ideales Übungsterrain) bis hin zu denen, die sich für den Motorradsport fit machen wollen.

Eines baut auf dem anderen auf. So kann man sich, wenn's denn den erhofften Spaß bringt, im Gelände- wie im Straßensport von der Einstiegsphase bis zur Intensivphase oder gar bis zum Lizenzsport hochangeln, und zwar unter qualifizierter Anleitung: Die Instruktoren, die die MOTO aktiv-Fahrerlehrgänge leiten, sind alte Hasen auf ihrem Gebiet und auch in pädagogischer Sicht darauf vorbereitet, einen guten Job zu machen. Dazu haben sie sich ständig weiterzubilden - am Gas und mit dem Kopf. Denn genau die Verbindung von beidem sollen sie ja auch vermitteln.

Grundlehrgang

Was vielen als ein Einstieg in die fahrerische Fortbildung an sich dient, ist für MOTO aktiv ein »back to the roots«: Der Grundlehrgang, traditionell auf der Nürburgring-Nordschleife ausgetragen, gehörte zu den ersten Lehrgängen des Vereins bei seiner Gründung, und viele der Aktiven haben ihr Know-how in der Grünen Hölle beim Organisieren und Durchführen von anderen Lehrgängen gewonnen - macht über ein Dutzend Jahre Nordschleifen-Lehrgangs-Know-how. Mehr als zwölf Jahre, in denen ein Konzept herangereift ist, das wie kaum ein anderes dazu angetan ist, gleichermaßen Freude am Fahren wie das Weiterentwickeln fahrerischer Fertigkeiten zu vermitteln.

Und das nicht nur, weil die Nordschleife die schönste gegenverkehrslose Landstraße der Welt ist, sondern auch weil Landstraßen und Übungsplätze gleich nebenan liegen, auf denen man sich prima für den ruhigen, aber zügigen Fahrfluß auf dem Ring vorbereiten kann.

Denn, wer zum Grundlehrgang antritt, hat in aller Regel wenig Fahrpraxis und noch weniger Fahr-Fortbildungserfahrung. Die Zielgruppen, an die sich der Lehrgang wendet, sind die Stufen 2 und 3, gleich die nach den Beginners-Angeboten also. Dem trägt das Lehrgangskonzept Rechnung: Hier geht es vor allem darum, eine breite Basis für späteres Fortkommen auf der Zielgruppenleiter zu legen. Entsprechend ist der Lehrgang ein fahrtechnischer Rundumschlag mit Stationen in allen Sparten des Motorradfahrens:

Der Fahrerlehrgangsklassiker ist der Grundlehrgang auf der Nordschleife des Nürburgrings - die Begegnung mit dem dritten Rad ist inklusive.

Entscheident beim Trial-Training ist die richtige Körperhaltung und der richte Einsatz und die Verlagerung des Schwerpunkts.

- Beim einleitenden Sicherheitstraining wird auf einer freien Fläche das optimale Einsetzen der Bremsen geübt und das Gefühl für die Schräglage geschult;
- Das Trialtraining im Gelände auf gestellten Trialmotorrädern kommt vor allem dem Motorradgefühl und der Balance zugute, denn die langsamen Handlungsvorbereitungen beim Trial eignen sich wie keine anderen dazu, sich die Fahrabläufe im Zusammenspiel mit der Dynamik des Motorrades vertraut zu machen. Darüberhinaus kommt einem das Gefühl für den geländigen Untergrund zugute, wenn man mal einen unfreiwilligen Ausflug ins Grüne unternimmt;
- Der eingebaute Gespann-Schnupperkurs hat vor allem Spaßcharakter, dessen Ergebnisse sich nicht auf das zweirädrige Motorradfahren übertragen lassen: Beim Gespannfahren geht alles ganz anders. Das grenzt die Eigenschaften des Solo-Fahrens deutlicher ein und macht diese im Vergleich noch einmal bewußt;
- Der Nordschleifen-Teil ist der Hauptteil des Lehrgangs - hier fließt alles zuvor Geübte und Erlernte zusammen. In Kleingruppen, angeführt von einem Instruktor, fahren die Teilnehmer über den Ring. Langsam wird das Tempo gesteigert, immer so, daß jeder mitkommt und der Kurvenfluß zunehmend runder wird. Zwischendurch werden die Maschinen abgestellt, sei es, um Streckenabschnitte zu Fuß abzuschreiten, die Kurventheorie zu behandeln oder um anderen Gruppen zuzuschauen und sich so die Abläufe aus der Außenwarte bewußt zu machen.

Hat jeder schon ein bißchen Nordschleifen-Routine im Gefühl, werden besondere Übungen eingeklinkt: Dann fahren die Teilnehmer vor den Augen des Instruktors, werden eine Runde ohne Bremsen absolviert (Trainieren des vorausschauenden, runden Fahrens!) und unterschiedliche Linien ausprobiert.
»Kurventechnik und Tourenfahren« heißt dieser Lehrgangsteil. Renneinlagen sind nicht gefragt und stehen auch nicht auf der Tagesordung. Doch das mindert weder den Spaß noch den Lerneffekt. Mögen auch viele Tourenstrecken so schön sein wie der Nürburgring - in puncto »Motorradfahren Pur« können die wenigsten mithalten.

Sportfahrerlehrgang

Sportliches Fahren auf öffentlichen Straßen kann zwar einen Heidenspaß machen, doch zu empfehlen ist es nicht. Und schon gar nicht, wenn es darum geht, das sportliche Fahren zu trainieren und zu verbessern. Da ist die Annäherung an Grenzbereiche unver-

Ruhe vor dem Sturm - MOTO AKTIV-Langstreckenrennen werden immer mit einem Le Mans Start auf die Reise geschickt.

Instruktorenarbeit heißt Gruppenarbeit: Von der intensiven Betreuung der Teilnehmer hängt stets der individuelle Lernerfolg ab.

meidlich, und das verträgt sich nun mal nicht besonders gut mit anderen Verkehrsteilnehmern, Hindernissen am Straßenrand oder gar scharfkantigen Leitplanken.

Wer an seinem Fahrstil feilen will, geht dazu am besten auf die Rennstrecke und tut dies möglichst unter Anleitung von Instruktoren, die genügend Sporterfahrung haben, um sie weiterzugeben.

Die MOTO aktiv-Sportfahrerlehrgänge richten sich naturgemäß an fortgeschrittene Fahrer/innen der Zielgruppen 4 und 5, solche also, die eine solide Fahrpraxis vorweisen können, denen es auf der Straße nicht schnell genug vorangeht. Eine spätere Teilnahme an Rennen bei MOTO aktiv oder anderen Veranstaltern kann, muß aber nicht die Zielsetzung sein.

In zwei Tagen auf der Rennstrecke läßt sich einiges dazu tun, um seine Grenzen auszuloten und weiter zu stecken. Dazu eignen sich am besten Kleingruppen: Jeweils fünf bis sieben Teilnehmern mit möglichst ähnlichen Voraussetzungen ist ein Instruktor zugeteilt, der die Gruppe um die Rennstrecke führt, die Linie aufzeigt, auf besondere Feinheiten der Strecke hinweist und nach und nach das Tempo steigert. Zunächst ist es wichtig, die Strecke gut kennenzulernen, so gut, daß man sich als nächstes auf einzelne Punkte und Abläufe konzentrieren kann: Wo und wie wird am besten gebremst, was passiert dabei mit dem Motorrad, wie kann der Körpereinsatz das Kurvenfahren erleichtern, wo und wie setzt am besten die Beschleunigung ein?

Das läßt sich alles nicht allein erfahren, sondern braucht auch theoretische Grundlagen. Die geben die Instruktoren zwischendurch immer wieder, teilen dabei den Teilnehmern ihre Beobachtungen zum Fahrstil jedes Einzelnen mit, geben Ratschläge, wo am besten anzusetzen ist, was wie verbessert weden kann.

Theoretisch wie praktisch geübt werden aber auch die Alltagssituationen des Rennstreckenlebens: das Überholen und Überholtwerden, Ausbremsmanöver, die Wahl zwischen Ideallinie und Kampflinie, das Berücksichtigen von Fahrbahnunebenheiten bei der Linienwahl.

Dabei fährt jeder für sich selbst, Überholmanöver gibt es nur in simulierten Situationen. Und das ist gut so: Denn das Verbessern des eigenen Fahrstils erfordert schon genügend Konzentration, und nicht jeder kommt gleich mit Rennambitionen nach Zolder, Magny Cours oder Lédénon, wo die Sportfahrerlehrgänge abgehalten werden.

Aber jeder kann dafür auch ein gehörig erweitertes Grundwissen mit nach Hause nehmen. Denn hier geht es nicht allein um das Fahren selbst, sondern auch um die Voraussetzungen für Mensch und Maschine zum optimalen Fahren: Entspannungsübungen und mentales Training für ersteres, korrekte Fahrwerksabstimmung und ihre Auswirkungen sowie Maschinen-Check-Up für Rennstreckenzwecke für letzteres.

Aber ein bißchen Wettbewerbscharakter bleibt bei alldem doch: Auch wenn nicht gegeneinander gefahren wird, so läuft die Uhr doch mit. So kann jeder selbst feststellen, wieviele Sekunden der Sportfahrerlergang ihm gebracht hat. Und das sind bestimmt nicht wenige.

Renntrainings mit und ohne Instruktoren

Es muß nicht immer ein Lehrgang sein. Das Fahren auf der Rennstrecke macht Spaß, und wenn man nicht zum ersten Mal auf dem heißen Asphalt unterwegs ist, dient es auch dazu, den eigenen Körper und die eigenen Reflexe gut durchtrainiert zu halten. Dazu kann man sich auch stets weiterentwickeln, sich selbst, sein Motorrad oder das Zusammenspiel von beidem testen.

MOTO aktiv ist nur ein Anbieter im Reigen der Veranstalter von Renntrainings. Aber auch ein besonderer. Denn wie bei allen MOTO aktiv-Veranstaltungen wird auf Sicherheit höchsten Wert gelegt. An der Strecke versehen geschulte und stets weitergebildete Strecken-

Um wirklich schnell zu sein, braucht es oft weniger Fahrzeug, sondern mehr Fahrer

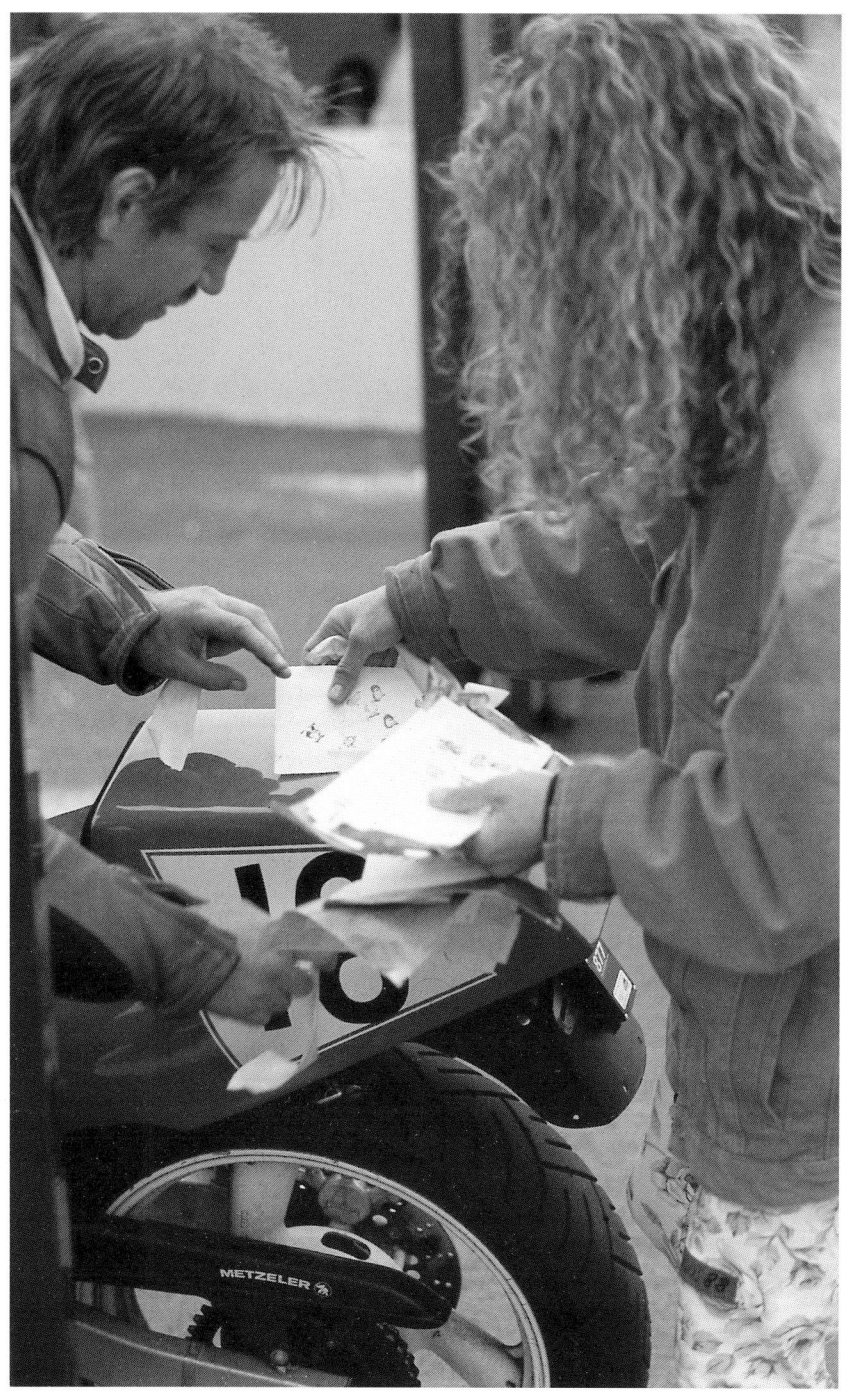

posten ihren Dienst, den sie von den Rennveranstaltungen her aus dem Eff-Eff drinhaben; medizinische Versorgung durch das Klinomobil und Ärzte an der Strecke sind heute ein Standard, der sich nicht zuletzt auch deswegen bei anderen Veranstaltern durchgesetzt hat, weil MOTO aktiv ihn unnachgiebig seit jeher vorexerziert hat.

Tradition und einen besonders hohen Stellenwert hat mittlerweile das Auftakttraining vor Beginn der SMT-Saison. Wer im Winter den weiten Weg in den klimatisch bevorzugten Süden gescheut hat, hat hier die Möglichkeit, sich und das Motorrad wieder aufzuwärmen und auf die neue Saison einzuschießen.

Rennstrecken in Deutschland selbst sind rar, und darum werden die MOTO aktiv-Renntrainings auch während der Saison und zumeist auch in Verbindung mit Rennveranstaltungen durchgeführt: Das bringt eine Ersparnis in Reisezeit und Kosten (nicht unerheblich bei Rennstrecken in Österreich, Tschechien oder im Süden Fankreichs) und dazu verbesserte Möglichkeiten zur zeitnahen Vorbereitung auf das nächste Rennen.

Weil sich aber gezeigt hat, daß auch ein »unverbindliches« Renntraining mehr bringt, wenn es mit dem entsprechenden Knowhow begleitet wird, hat MOTO aktiv mit der Saison 1996 eine Zwischenform als Kompromiß aus Sportfahrerlehrgang und freiem Training eingeführt: Instruktorenbegleitete Sportfahrertrainings. Hier stehen Instruktoren zur Verfügung, die das Führen und pädagogische Begleiten von Kleingruppen anbieten, zugleich aber auch Ansprechpartner für jeden sind, der den Kniff mit dem Knie oder einen anderen gezeigt bekommen möchte.

Daß eine solche, weniger freie Form des Trainings nicht so lernintensiv ist wie ein komplett instruktorenbegleiteter Lehrgang, liegt auf der Hand. Darum eignet er sich auch weniger für Teilnehmer, die noch keinen Sportfahrerlehrgang absolviert haben oder noch keine Rennstreckenerfahrung vorweisen könnnen. Gedacht ist er vor allem für jene, die ebenso erfahren wie gut am Gas sind, aber genau wissen, daß es immer noch etwas zu verbessern gibt, immer noch schneller geht.

Und darum dreht's sich ja schließlich im Rennsport.

Dafür macht der abschließende Praxis-Test schon wesentlich mehr Spaß: Ein Testrennen zum Abschluß festigt das frisch gelernte Rennfahrerwissen und ist eine nette Vorbereitung auf den ersten Renneinsatz.

Das Abschneiden hat freilich keinen Einfluß auf die Qualifikation, die abschließend ausgegebene Sportfahrerkarte, die einer »MOTO aktiv-Lizenz« gleichkommt. Und sogar Pokale gibt's bei dieser Gelegenheit bereits. Irgendwann muß man ja mit seiner Sammlung anfangen....

Die SMT ist ein Breitensport reinsten Wassers. Mit hohen Sicherheitsstandards und einer elektronischen Zeitnahme.

Serienmaschinentrophy

Motorradsport zum Selbermachen - das ist das Motto der Serienmaschinentrophy von MOTO aktiv. Hier ist es möglich, mit dem eigenen Straßenmotorrad ohne großen Aufwand richtige Rennen zu fahren. Eine Lizenz braucht man nicht, eine ausreichende Routine in Sachen sportliches Fahren hingegen durchaus.
Zwei Arten von Rennen zählen zur Serienmaschinentrophy: Sprintrennen und die Langstreckenrennen. Die sind das wirklich Andere an MOTO aktiv: Größtenteils mit Zweier-Teams über vier Stunden gehend, kommt es hier nicht auf das letzte Quentchen an Geschwindigkeit an, sondern vielmehr auf konstant zügiges Fahren, solide Maschinenvorbereitung, gutes Teamwork und optimale Boxenstops. Das nimmt dem Zweikampf auf der Strecke etwas von der Schärfe, der sich nicht aussetzen sollte, wer »just for fun« auf der Rennstrecke am Gas drehen will. Das heißt natürlich nicht, daß hier gebummelt wird: An der Spitze ist das Leistungsniveau inzwischen sehr hoch: Wer hier vorne mitfährt, kommt auch auf Anhieb im Lizenzsport gut zurecht.
Doch vom Grundgedanken her ist die SMT breiter angelegt als dieser, will eine Alternative bieten zur Kostenexplosion im Motorradsport. Das zeigt sich bereits daran, daß alle Maschinen straßenzugelassen sein müssen und auch an an der Klasseneinteilung. Denn zwar gibt es die üblichen Klassen (Zweitakter bis 125 und 250 cm^3, SoS, Viertakter bis 600, 750 und über 750 cm^3), doch Outsider-Motorräder, die sonst im Rennsport keine chancenreiche Lücke finden, werden in einer Art Handicap-Regelung anderen Klassen zugeteilt oder bekommen eine eigene. So dürfen zum Beispiel auch die älteren Yamaha RD 350 hier noch rennen, und damit die Battle of Twins nicht so teuer wird wie im Lizenzsport, starten die Ducati-

Vierventiler zusammen mit den Vierzylindern über 750 cm³. Und für alle, die mit wenig Aufwand selbst eine Rennmaschine bauen wollen, gibt es spezielle »Bastelklassen« mit weitgehender Reglementsfreiheit wie den MZ-Cup für die schlitzgesteuerten Zweitakter. Hinzu kommen noch die Marken-Cups, die im Rahmen der MOTO aktiv-Serienmaschinentrophy abgehalten werden: Hier tritt auch der Euro Cup an mit dem Aprilia RS 250-Cup, dem MuZ Skorpion Cup und die Triumph Speed Triple Challenge, außerdem der von Kawasaki Deutschland ausgeschriebene ZXR 400-Cup. Und nicht zuletzt können auch Gespannfahrer in der SMT mal richtig Gas geben, für sie gibt es gleich zwei Klassen: für Touren- und Sportgespanne.

Das ergibt ein bunt gemischtes Starterfeld, in dem Rennsport-Neulinge ebenso zum Zuge kommen wie Rennsport-Wiedereinsteiger, aber auch solche Fahrerinnen und Fahrer, die hier eine echte Alternative zum Lizenzsport sehen. Und das ist die Serienmaschinentrophy durchaus - und eine echte Herausforderung, die im Falle der Langstreckenrennen traditionell mit dem spannenden Le-Mans-Start beginnt.

Neben den vier Stunden-Rennen gibt es einmal jährlich ein Achtstunden-Rennen für Dreier-Teams, und als bisheriges Highlight glänzt das 1995 in Magny-Cours erstmals ausgetragene 24 Stun-

Über Sieg oder Niederlage - gerade beim 24-Stunden-Rennen entscheidet oft die Arbeit des Teams in der Boxengasse.

den-Rennen, bei dem sich Teams und Organisation voll auf der Höhe zeigten und hervorragenden Sport boten. 1997, das steht jetzt schon fest, wird es eine Neuauflage des 24-Stunden-Rennens geben, das wenn möglich, seinen festen Platz im Jahresprogramm erhalten soll.

Neben dem Bemühen, den Aufwand zu begrenzen, zeichnet sich die SMT durch einen überdurchschnittlichen Sicherheitsstandard aus: Die Streckenposten sind hochqualifiziert und stehen das ganze Jahr über im Training, das Klinomobil ist immer dabei, und wenn's auf der Strecke brenzlig wird, zwingt das Race Control Car zu langsamer Fahrweise, bis die Gefahr vorüber ist. Zur Sicherheit trägt aber auch bei, daß Fahrerinnen und Fahrer durch das Integrative Motorradtraining grundsätzlich auf einem hohen Stand sind - so darf nur teilnehmen, wer die Rennfahrerschule absolviert hat oder entsprechende Rennstreckenerfahrung nachweisen kann.

Zehn Jahre gibt es die SMT nun, und nicht wenigen hat sie als solide Vorbereitung auf den Lizenzsport gedient: So kommen Supersport-Cracks wie Stefan Scheschowitsch oder Frank Heidger, Superbiker wie Wolfgang Hambach oder Harley-Cup-Sieger Roland Debschütz aus der harten Schule der SMT. Aber Moto aktiv bleiben viele von ihnen treu: Man trifft sich nicht nur wieder im DM-Fahrerlager, sondern auch bei den MOTO aktiv-Veranstaltungen.

Weitere Angebote

Um den Kniff mit dem Knie dreht sich bei MOTO aktiv vieles - aber längst nicht alles. Wer den Jahresveranstaltungs-Katalog durchblättert, findet unter reichlich hundert Angeboten ganz bestimmt das richtige Betätigungfeld für seine Lieblingsdisziplin. Einen Überblick über die unterschiedlichen Veranstaltungsarten gibt die Skizze zum Integrativen Motorradtraining, aber ein paar Highlights sollen an dieser Stelle vorgestellt werden.

- In den Technik-Kursen geht es auf zwei Niveaus um die allgemeine Wartung des Motorrades und in Spezialgebiet-Seminaren um die gezielte Jagd nach dem Fehlerteufel in Getriebe, Motor und Elektrik;
- touren kann man bei MOTO aktiv in der näheren Umgebung und bis hin nach Schottland. Viele Touren, beispielsweise durchs Allgäu, sind begleitete Touren durch landschaftlich reizvolle Motorrad-Landschaften. Aber es gibt auch einen MOTO aktiv-Touring-Wanderpokal: die SMT der Tourer mit einer anspruchsvollen Saison;
- Off-Roader können sich in Enduro- und Trialkursen üben. Und für die, die sich lieber austoben wollen, gibt es die Alpenrallye - schon

Mit rund 130 Veranstaltungen pro Jahr bietet MOTO AKTIV eine bunte Palette. Hier haben natürlich Off-Road-Aktivitäten ihren festen Platz.

eine kleine Legende für sich, bei der es darum geht, in acht Stunden auf Schotterpisten möglichst viele Punkte durch Anfahren von Zielorten zu sammeln. Und auch die Chaberton-Fangemeinde kommt bei MOTO aktiv auf ihre Kosten.
- Traditionell ein umfangreiches Programm hat bei MOTO aktiv die Gespann-Gemeinde. Hier reicht das Angebot von Einführungskursen über Fahrspaß auf der Nordschleife bis hin zu echten Sportfahrer-Lehrgängen;
- Zu einem absoluten Favoriten haben sich die Rollerrennen entwickelt, die auf Kartbahnen zum Teil sogar als zweistündige Langstreckenrennen ausgefahren werden und mit dem Bunny-Cup sogar über ihren eigenen Markenpokal verfügen.
- Dem Nachwuchs eine Chance geben will die Junior-Trophy, in der 50er, 80er, Mofas und Pocket-Bikes an den Start gehen. In Wertung fahren dabei nur wirklichen Junioren bis zum 20. Lebensjahr, denen MOTO aktiv so einen Zugang zum sportlichen Motorradfahren eröffnen will - ein paar haben schon den Sprung in den ADAC-Junior-Cup geschafft.
- Weil es nichts praktischeres gibt als eine gute Theorie, gehört auch die zum MOTO aktiv-Kursangebot. Da geht es um »Mentales

201

Training für Motorradfahrer« und »Zweiradorientierte Jugendarbeit«, aber auch um die Qualifikation von Streckenposten und Instruktoren. Beide haben einen wichtigen Platz in der MOTO aktiv-Organisiation, ohne sie würde der Laden nicht und schon gar nicht so gut laufen. Und auch nicht, ohne daß diese Jobs ihren Spaß mit sich bringen - das tun sie, denn bei MOTO aktiv wird Mitmachen groß geschrieben.

Mitmachen heißt aber auch, daß jeder seine Vorstellungen einbringen kann. Eine Reihe von Veranstaltungen haben ihren Anfang genommen, weil Mitglieder ihren Erfahrungsschatz zugänglich machen wollten, eine Veranstaltung erdacht und die Organisation in die Hände genommen haben. Ein Beispiel hierfür ist die Alpenrallye. Aber ins MOTO aktiv-Programm passen durchaus noch ein paar weitere Beispiele.

Bock auf mehr? Hier ist die Kontaktadrese:

MOTO aktiv e.V.
Hohlweg 7
35091 Cölbe-Reddehausen
Tel.:   06427 / 9230-0
Fax.:   06427 / 9230-30
e-mail.:   motoaktiv ?t-online.de
Mailbox analog: 06427 / 9230-35
Mailbox digital: 06427 / 9230-51

VI. Routine und Pannen

Warum fällt man eigentlich vom Motorrad, und was spielt sich bei einem Sturz überhaupt ab? Darüber dachte ich das erste Mal nach, als ich zu Zeiten, da es noch keine Helmpflicht gab, ohne Helm und kurzärmlig durch die Stadt fuhr, damit mich die Mädels auf meiner neuen 250er Yamaha gebührend bewundern konnten. Eigentlich wollte ich es dabei bewenden lassen, beschloß aber, einen Kumpel zu besuchen, der am Ende einer schönen und kurvenreichen Bergstrecke wohnte. Mit den Gedanken mehr bei dem schönen Tag und meiner guter Laune denn beim Motorradfahren machte ich micht auf den Weg, als ich kurz vor dem Ziel in einer mittelschweren Linkskurve, mit dem Vorderrad sehr nah an den Randstreifen kam. Dort lag loser Sand. Das Vorderrad begann zu rutschen, doch irgendwie gelang es mir, es wieder auf festen Boden zu bringen. Kaum hatte das Vorderrad Grip, begann das Hinterrad zu rutschen. Mittlerweile hatte ich einen stark erhöhten Adrenalinspiegel, doch, oh Wunder, auf einmal stabilisierte sich die Fuhre. Noch ehe ich den Gedanken »noch mal Schwein gehabt« zu Ende gedacht hatte, überschlugen sich die Ereignisse im wahrsten Sinne des Wortes. Auf einmal segelte ich durch die Luft, landete unsanft auf der Straße und sah aus dem Augenwinkel einen Schatten über mich hinweghuschen. Der Schatten war die Yamaha, die nach kurzer Flugstrecke mit zerberstender Verkleidung auf der Straße aufschlug und funkensprühend vor mir herrutschte: Ich war das Opfer eines echten Highsiders geworden. Damals diskutierten wir noch lange darüber, und über Stürze überhaupt, und das war auch gut so, denn nur so kann man sich mental auf dieses nur schwer trainierbare Ereignis vorbereiten.

1. Ruhelage 90°

Jeder, der versucht, ein Motorrad am Limit zu bewegen, muß damit rechnen, es zu überschreiten und zu Fall zu kommen. Für *Klacks*

Ein Sturz mit wegrutschendem Hinterrad, der »harmlose« Sturztyp. Bei Bild 1 ist der Sturz gerade erfolgt, bei Bild 2 trennen sich Maschine und Fahrer. In der Folge 3/4/5 ist gut zu sehen, wie der Fahrer hinter der Maschine herrutscht.

Wenn überhaupt ein Sturz, dann sollte er so aussehen!

war jeder Sturz eine Schande. Die Aussage, die in erster Linie auf den Straßenfahrer im Verkehr zugeschnitten war, gilt für Rennfahrer. Keiner sollte so fahren, daß er einen Sturz bewußt in Kauf nimmt. Giacomo Agostinis Stürze lassen sich über die Jahre an den Fingern einer Hand abzählen. Er, der erfolgreichste Motorradrennfahrer aller Zeiten, fuhr bei allem Einsatz so, daß er auf der Maschine sitzenblieb.

In meinem ersten internationalen Rennjahr schaute ich neidisch auf einen Franzosen, der, mit fünf Maschinen angereist, es sich leisten konnte, zwei davon jedesmal im Training wegzuwerfen. Bei mir hätte im Fall eines Sturzes das Geld noch nicht einmal für eine neue Verkleidungsscheibe gereicht; so fuhr ich entsprechend vorsichtig und konnte, aus meiner damaligen Sicht, zu wenig riskieren. Karl Hoppe, mit über 50 damals der Rennveteran, pflegte zu sagen wenn einer schnell war, aber auch oft stürzte:»Mal sehen, ob der den Winter noch sieht«. Der Franzose, den ich so sehr beneidet hatte, sah ihn leider nicht mehr.

Bei aller Freude am Sport und aller Risikobereitschaft sollte man daran denken, daß der Kopf nicht nur dazu da ist, um den Helm aufzusetzen. Rennen *müssen* sicherer werden! Tote Rennfahrer schaden dem Sport.

Warum man runterfällt
Stürze lassen sich nicht gänzlich vermeiden. Die Ursachen im Rennen haben zumeist immer dieselben Ursachen: Man überschätzt die eigenen fahrerischen Fertigkeiten (zu hart gebremst, zu schnell in die Kurve gegangen usw.); man wird Opfer schlechter Straßenverhältnisse (bei Bergrennen zwei Kurven verwechselt, nicht bemerkt, daß Bodenwellen in einer Kurve sind usw.); mechanische Defekte (Kolbenklemmer, Bremsdefekt, Reifenschaden usw.) sowie das Fehlverhalten von Konkurrenten und/oder Zuschauern (ich erlebte einmal bei einem Bergrennen in Neuffen, wie Zuschauer grüne Äpfel auf die Straße warfen, einfach um zu sehen, was wohl »passieren würde«).

Wer weiß, was bei einem Sturz passiert, kann seine Folgen eventuell mildern. Im harmlosen Fall, wenn kein Hindernis vorhanden ist, macht man nur eine flotte Rutschpartie, die dank der aufliegenden Fläche an Quadratzentimetern auch meist recht kurz ist.

Es gibt drei typische Sturzvarianten:
1. Stürze mit wegrutschendem Hinterrad
2. Stürze mit wegrutschendem Vorderrad
3. Stürze mit wegrutschendem Hinterrad, einem Gegensteuern mit dem Vorderrad und einem daraus resultierenden Aufstellen und Schleudern der Maschine.

3

4

5

Stürze mit wegrutschendem Hinterrad:
Der Sturz mit wegschmierendem Hinterrad ist, soweit sich das von einem Sturz überhaupt sagen läßt, die angenehmste der drei Varianten. Sobald der Fahrer die Straße berührt und die Maschine losläßt, rutscht das Bike vor ihm her. Bedingt durch die große Auflagefläche und das, relativ zur Maschine, geringe Gewicht kommt der Fahrer, von dem Motorrad getrennt, sehr schnell zum Stillstand. Die Strecke, die die Maschine zurücklegt, ist sehr viel länger. Deshalb gilt bei dieser Sturzvariante: sich von der Maschine mit Händen und Füßen abstoßen, entspannen, Arme und Beine ausstrecken und nicht versuchen aufzustehen, bevor endgültiger Stillstand erreicht ist.

Stürze mit wegrutschendem Vorderrad:
Der Sturz mit wegrutschendem Vorderrad ist sowohl bei der Fahrt in Schräglage als auch der Geradeausfahrt verhängnisvoll. Zumeist schmiert das Vorderrad (bei rutschiger bzw. nasser Fahrbahn) weg, wobei der Fahrer über den Lenker geht. Das heißt, Fahrer und Heckteil der Maschine bewegen sich geradeaus weiter, das Vorderrad aber weicht zur Seite aus.
Als der Italiener Angelo Bergamonti bei einer Aufholjagd mit seiner MV August auf der Geraden so stürzte, geriet er unter die Maschine, wurde mitgeschleift und erlitt so schwere Verletzungen, daß er ihnen erlag. Zumeist kommt es zu dieser Sturzart bei Regen und/oder verschmutzter Fahrbahn.
Langt es vor einer Kurve nicht mehr mit dem erforderlichen Bremsweg, so ist es besser, das Hinterrad zu blockieren und so freiwillig abzusteigen oder die Bremsen aufzumachen und zu schnell in die Kurve zu gehen (dann rutscht in der Kurve das Hinterrad weg) als zu riskieren, mit einem wegschmierenden Vorderrad zum Sturz zu kommen.
Rutscht das Vorderrad während der Kurve, also in Schräglage, weg, kommt man vor dem Motorrad zu liegen und rutscht vor diesem her beziehungsweise es rutscht in einen hinein. Beide Fälle sind für extrem gefährlich. Entweder werden wir vom Motorrad über eine weite Strecke mitgeschleift, oder die schwere Maschine knallt uns ins Kreuz. Der Sturz mit wegrutschendem Vorderrad beruht in den meisten Fällen weniger auf einem Überziehen des Grenzbereichs als auf einen eklatanten Fahrfehler des Piloten: Entweder bremst der Fahrer hart mit der Vorderradbremse in Schräglage, oder er führt Lenkbewegungen in Wechselkurven zu abrupt durch oder er lenkt das Vorderrad auf eine problematische Stelle (Ölfleck, Sand, Stein usw.)
Grundsätzlich läßt sich sagen: Vermeiden Sie diese Sturzvariante wenn möglich immer zugunsten eines Sturzes mit wegrutschendem Hinterrad; was im Notfall heißt: Hinterrad blockieren!

Während der Armstrong-Fahrer (20) das Opfer seines wegrutschenden Vorderrads wird (siehe Pfeile), hat sich bei dem Japaner das Hinterrad verabschiedet. Es hinterläßt eine schwarze Spur auf der Straße (Pfeil). Das Vorderrad ist schon, als Gegensteuerbewegung, entgegen der Kurvenrichtung eingeschlagen. Was nun folgen wird, ist ein Salto!

Hier das Gegensteuern aus anderer Perspektive. Deutlich zu sehen, wie sich der Fahrer mit dem Knie abstützt. Auch hier ist die Situation kurz vor dem Überschlag, wenn das Hinterrad greift.

Highsider

Bei einem Sturz mit wegrutschendem Hinterrad und gleichzeitiger Gegenlenkbewegung führt das plötzliche Aufrichten der Maschine zum Überschlag. Der Fahrer wird abgeworfen und kommt mit der hin und her schleudernden Maschine von der Fahrbahn ab.

Ich werde nie vergessen, als ich bei Freund Franz hinten auf der Dreizylinder-Kawasaki saß, an der kurz zuvor die Fußrasten hochgelegt worden waren. Fast am Ende der Fahrt, kurz vor einem sehr kurvenreichen Straßenstück, tauchte hinter uns ein Fahrer mit einer zurechtgemachten Honda CB 72 auf, der sich mit wilder Entschlossenheit an unser Hinterrad heftete. Franz wollte sich natürlich nicht mit seiner 500er von einer 250er Honda abhängen lassen, auch dann nicht, wenn wir zu zweit auf der Maschine saßen. So sausten wir immer schneller durch die Kurven, bis dann jene schnelle Linkskurve kam, in die wir mit etwa 120 km/h viel zu schnell hineinfuhren. Der Franz knallte die Kawa, bedingt durch die neuerdings hochgelegten Fußrasten, völlig gefühllos auf die Auspuffrohre, und das Hinterrad verabschiedete sich prompt bei dieser Übung. Durch diese Aktion rutschte ich so aus dem Sattel, daß ich nur noch mit dem Unterschenkel Kontakt mit der Sitzbank hatte und mich mit bei-

Bei der Nr. 26 befindet sich die Maschine in der Aufstellbewegung (Bild 1). Der Fahrer wird dabei nach außen/oben geschleudert (Bild 2). Im Extremfall kann auch noch die Maschine aufsteigen und hinter dem Fahrer herfliegen.

den Händen an Franzens Jacke festhielt. Die Kawasaki rutschte querstehend dem Waldrand zu, und ich überlegte, ob es nicht besser wäre, loszulassen. Plötzlich jedoch griff das Hinterrad wieder und ich wurde wie von Geisterhand in den Sattel gehoben. Franz jedoch, der wilde Geselle, schaltete ungerührt runter, und weiter ging es. Zum Glück für mich und meine Nerven waren es jedoch nur noch wenige 100 Meter, und bei dem Franz habe ich mich seither nie mehr hinten draufgesetzt.

Was dabei passiert war, realisierte ich erst einige Zeit später. Durch das Aufsetzen hatte das Hinterrad der Kawasaki den Boden Kontakt verloren und war weggerutscht. Mich hob es, bedingt durch den Ruck, halb aus dem Sattel, so daß ich quasi nur noch mit dem Stiefelabsatz an der Sitzbank hing. Franz lenkte dem abdriftenden Hinterrad entgegen, und so rutschte die ganze Fuhre tangential in Richtung Waldrand. Als dann der Hinterradreifen wieder griff und das ruckartige Aufstellen der Maschine einleitete, wurde ich, der ich bis dahin wie der Schmiermaxe einer Seitenwagenmaschine neben dem Motorrad gehangen hatte, mit einem gewaltigen Ruck in den Sattel gehoben; und so unglaublich es klingen mag, die Aufstellkräfte wurden dadurch vollkommen ausgeglichen, so daß wir die Fahrt ohne den kleinsten Schlenker fortsetzen konnten. Dieses Aufstellmoment, das wie durch ein Wunder eine so segensreiche Wirkung in oben beschriebenen Fall hatte, entpuppt sich ansonsten als übler Bursche, dem es zumeist gelingt, den Fahrer aus dem Sattel zu heben.

Was passiert bei dieser Sturzvariante?

Phase 1:
Man merkt, wie sich das Hinterrad weggeht, erschrickt und lenkt gegen.

Phase 2:
Für einen kurzen Moment scheint das Motorrad nun wieder in einem stabilen Fahrzustand, man atmet tief durch und denkt »Schwein gehabt«.

Phase 3:
Das dauert aber nur so lange an, bis das Hinterrad wieder Griff findet. Ab jetzt geht alles blitzschnell! Ehe man es sich versieht, richtet sich das Motorrad auf. Dieses Aufstellmoment kann so stark sein, daß das Aufrichten in einem Überschlag endet (Abb. 1).

Begünstigt wurde die sehr oft bei Rennen zu beobachtende Sturzvariante durch die moderne Reifentechnik. Slickreifen haben eine sehr große Haftung, zumeist aber auch einen sehr schmalen Grenzbereich. Während ein gutmütiger Straßenreifen das Ende seiner Haftgrenze frühzeitig durch leicht kontrollierbares Wegrutschen

Sturz mit anschließendem Überschlag
(Abb. 1)

ankündigt, verlieren moderne Reifen abrupt die Haftung, um sie kurz
darauf wieder aufzubauen. Oft steuert der Fahrer nicht bewußt dagegen, es ergibt sich durch die Drehbewegung der Maschine um
den Lenkkopf. Dadurch wird die Gegenlenkbewegung sozusagen
automatisch ausgelöst - mit den oben beschriebenen verheerenden
Folgen. Das Problem ist die Geschwindigkeit, mit der dieser Vorgang
abläuft, fürs Reagieren bleibt kaum Zeit. Es ist allerdings nicht richtig, wie vielfach angenommen, daß diese Sturzart ausschließlich auf
die Einführung der Slickreifen zurückzuführen ist. Auch zu Zeiten
Reads, Hailwoods und Agostinis, als noch der Dunlop Triangular das
Maß der Dinge war, machte man sich über den Highsider Gedanken. Die Frage damals war, ob man durch die Gegensteuerbewegung die Maschine abfangen sollte, gleichzeitig aber bei Nicht-
gelingen einen Überschlag riskierte, oder ob es nicht besser war,
dem Schicksal und damit dem Hinterrad seinen Lauf zu lassen und
so eine harmlosere Sturzvariante bewußt in Kauf nahm. Auch der
Bahnfahrer, der das Ausbrechen des Hinterrads bewußt herbeiführt
und es dann durch kräftiges Gasgeben am Rutschen zu halten
sucht, also gegensteuernd die Kurve umrundet, kann ein Opfer dieser Sturzvariante werden, wenn nämlich das Hinterrad beispielsweise durch den festen Stein im Boden Grip bekommt. Auch in diesem
Fall kommt es zu dem beschriebenen Aufrichten der Maschine.
John Dodds, ein im Odenwald lebender Australier, der es in der
750er Klasse zu WM-Ehren brachte, bemerkte einmal, daß es besser sei, eine querstehende Maschine wegzuwerfen, als einen so
wenig aussichtsreichen Kampf zu riskieren, der in seinen Folgen,
scheitert er, weit unangenehmer ist als ein normaler Sturz.
Da ich aber schon einmal ein solches »Rodeo« zu meinen Gunsten
entschieden habe, wage ich es nicht, endgültige Empfehlungen zu
geben (der Trick dabei besteht darin, die Gegenlenkbewegung
rechtzeitig, also vor dem Aufrichten des Motorrads, zu beenden.

Wenn das gelingt, kommt es nicht zu der Schleuderbewegung und wir kontrollieren das Geschehen wieder weitestgehend).

Eines läßt sich jedoch mit Sicherheit sagen: Besser ein Sturz in Schräglage, als in panischer Geradeausfahrt auf ein Hindernis zu prallen (viele haben schon Stürze mit weit über 100 km/h und auch 200 km/h überlebt, wenn *kein* Hindernis vorhanden war, doch *alle,* die mit 100 km/h auf ein Hindernis gefahren sind, leben nicht mehr).

Seitdem mir einmal vor einer Spitzkehre der Bremszug vor dem Verteiler einer Doppelduplexbremse gerissen ist und ich, da auch die Hinterradbremse defekt war, nun bremsenlos auf die Kurve, die auch noch in einem Bergabstück lag, zuschoß, weiß ich, wieviel Überwindung es erfordert, mit zu hohem Tempo die Maschine in die Kurve zu winkeln. Diesen Fall sollte man mental immer wieder proben! Im Ernstfall kann das lebensrettend sein.

Wenn wir stürzen, verlassen wir die Kurve tangential. Die Tangente, das heißt die »Anliegende«, ist eine Gerade, die an dem Punkt der Ideallinie angelegt wird, an dem wir hinfallen (Abb. 3). Die Richtung, in die wir rutschen, entspricht exakt der Richtung der Geraden. Wir rutschen immer vom Sturzpunkt (S) nach außen, zum Kurvenrand, weg.

Als am Nürburgring ein Fahrer vor mir stürzte, griff ich erschrocken in die Bremse, kam selbst zu Fall und mußte mit anschließend von einigen Kollegen die spöttische Frage gefallen lassen, ob ich mich immer dazulegen würde, wenn einer vor mir hinfalle? Der Schreck, der mich damals zum Bremsen veranlaßt hatte, war unberechtigt gewesen, denn bis ich den Sturzpunkt (S) erreicht hätte, wäre der andere Fahrer mit seiner Maschine nicht mehr dagewesen. Kommt ein Fahrer vor einem zum Sturz, so heißt es stur die eigene Linie beizubehalten, nur so reduzieren wir das Kollisionsrisiko für ihn und uns auf ein Minimum.

Es gibt allerdings eine Ausnahme, und das sind Steilwandkurven. Hier verbleibt der gestürzte Fahrer für kurze Zeit auf seiner Fahrlinie und fällt dann nach innen, in die Kurve zurück. Und noch etwas: Haben Sie einmal einen Fahranfänger beobachtet, der, wie magisch angezogen, auf ein Hindernis zufährt und

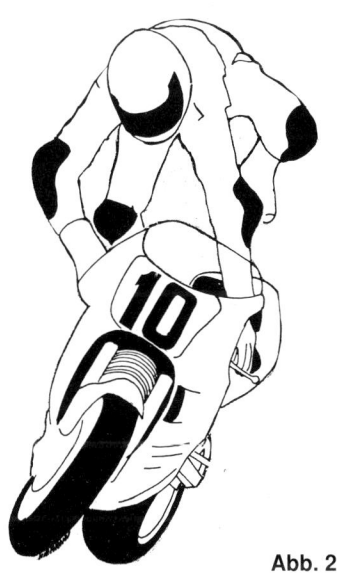

Abb. 2

213

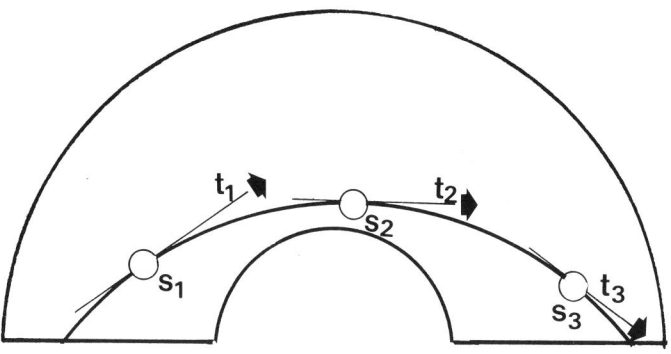

Sturzverlauf (tangentiales Verlassen der Kurve) (Abb.3)

zu Fall kommt? Der gute Mann fuhr genau dorthin, wohin er konzentriert schaute, auf das Hindernis! Auch Sie fahren in ihrer
Blickrichtung. Schauen Sie deshalb nicht auf einen gestürzten
Fahrer, sondern fixieren Sie das freie Stück Straße, das vor Ihnen
liegt.

In Zeltweg schaute ich, klug geworden durch meine schmerzhaften
Erfahrungen vom Nürburgring, nur noch stur auf die Lücke, die sich
zwischen dem Schweizer Müller und seiner Rennmaschine, die
beide vor mir herrutschten, auftat. Die Straße war naß, und jeder
Bremsversuch meinerseits hätte wohl einen Sturz nach sich gezogen. Zwischen Mann und Maschine war ein halber Meter Platz, und
der reichte mir damals zum Durchkommen.

Praktische Übungen

Stürze kann man verständlicherweise nur schwer mit dem Motorrad
trainieren, denn es besteht immer ein Verletzungsrisiko. Dies ist
zwar beim Geländefahren oder Trial relativ gering, aber dennoch
vorhanden. Wichtig ist es deshalb, sich mental auf einen Sturz vorzubereiten. Es geht dabei nicht nur darum, wie wir auf die verschiedenen Reaktionsformen der Maschine reagieren (Vorderrad rutscht
weg, Hinterrad bricht aus usw.), sondern um unsere Fähigkeit, in der
Unglückssituation so entspannt wie möglich zu fallen. Wir können
das ohne Maschine üben.

Dazu stellen wir uns, am besten in kompletter Ausrüstung, mit aus-
gebreiteten Armen hin, schließen die Augen und stellen uns eine
Situation vor, in der es zum Sturz kommt. Genau in dem Moment, da
wir den Sturz in Gedanken durchleben, entspannen wir die Arme, so
daß diese wie leblos herunterfallen, im nächsten Augenblick

214

Das Ende der Karriere von Dieter Braun bedeutete dieser Sturz 1977. In der ca. 180 km/h schnellen Fahrerlagerkurve kommt der Italiener Franco Uncini mit seiner Harley zum Sturz. Braun und Cecotto können nicht mehr ausweichen und stürzen ebenfalls. Durch das Versagen der Streckenposten, die nicht die rote Flagge zeigten, verliert der Schweizer Stadelmann sein Leben, als er in der darauf folgenden Runde in die Unfallstelle rast.

Bild 1 = Der Einschlag von Braun und Cecotto in die Strohballen erfolgt.
Bild 2 = Cecotto, auf Bild 1 unten rechts, fliegt über die Leitplanke.
Bild 3 = Die Fahrbahn ist von Trümmern übersät, denen die Piloten ausweichen müssen. Ein Streckenposten, der in den Sturz verwickelt wurde, bringt sich in Sicherheit.

215

machen wir das Gleiche mit den Beinen und dem Rest des Körpers. Sie werden staunen, wie unproblematisch sich der menschliche Körper bei entspannter Muskulatur »zusammenfaltet«.

Mit dieser Übung programmieren Sie sich für den Ernstfall. So werden Sie im Fall eines Sturzes unbewußt das Richtige machen: Entspannen!

2. Die richtige Bekleidung

Für den Rennfahrer ist die Materialwahl der Bekleidung relativ einfach, sie wird durch das Sportgesetz eindeutig vorgegeben. Verlangt werden Lederbekleidung aus Vollrindleder von mindestens 1,3 mm Dicke, sowie Handschuhe und Stiefel, die ebenfalls aus Leder sein müssen. Der Sturzhelm muß das Prüfsiegel der OMK tragen. Zu Zeiten, als die Auswahl der »Dunstkiepe« noch in das Belieben der Akteure gestellt war, ereignete sich bei der obligatorischen Helmprüfung auf der Tourist Trophy folgender Fall: Ein sehr bekannter deutscher Rennfahrer, seines Zeichens Seitenwagenweltmeister, legte seinen wunderbar weiß lackierten Halbschalenhelm über die Prüfeinrichtung, bei der eine Eisenkugel aus einem halben Meter Höhe auf den Helm herabsaust. Als nun der Abnahmekommissar die Kugel herunterfallen ließ, platzte mit lautem Knall der Lack plus dem darunterliegenden Spachtel von der Aluminiumschale ab und zurück blieb zum Erstaunen aller ein verdelltes Etwas, das mehr an einen Nachttopf denn an eine Sturzhelm erinnerte.

Heute wird sowohl auf solcherlei »Kopfschutz« als auch die archaische Prüfmethode verzichtet und stattdessen eine Generalabnahme gemacht, die durch das Prüfsiegel dokumentiert wird. Doch auch dann können noch Pannen passieren, nämlich wenn man dem Hut einen Anstrich verpaßt. Einem Freund passierte mit einem selbstlackierten Polykarbonat-Helm, daß dieser, nach einem ansonsten harmlosen Rutscher bei einem Bergrennen, bei dem er leicht mit dem Hinterkopf auf die Straße aufschlug, einer Eierschale nicht unähnlich, zerbrach. Selbstlackieren der Helme ist deshalb heute verpönt, weil die Festigkeit darunter leidet. Einzige Ausnahme sind die aus mehreren Schichten Fiberglas aufgebauten Helmschalen, denen ein nachträgliches Lackieren nichts anhaben kann. Die Stabilität solcher handlaminierter Exemplare hängt von der Anzahl der GFK-Schichten ab. Dem sind wiederum vom absoluten Helmgewicht Grenzen gesetzt. Durch Beimischen von Kevelar, eines besonders leichten und zähen Materials, ist es gelungen, die Festigkeit bei gleichzeitiger Gewichtsreduktion zu erhöhen. Die Helmgewichte liegen bei Vollvisierhelmen zwischen 900 und 1700 Gramm. Der

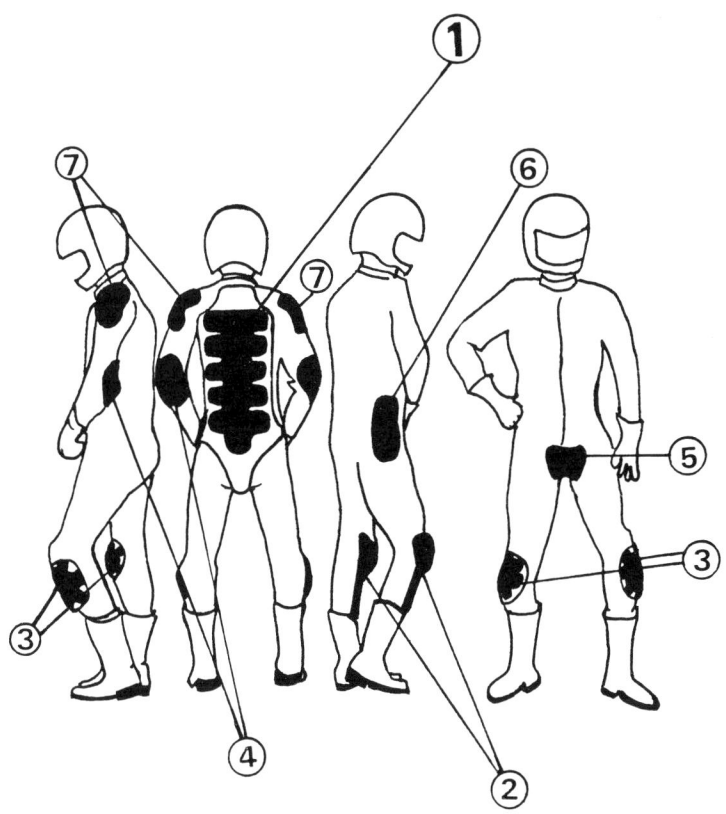

1 Spezieller Rückenschutz, der unter der Kombi getragen wird (Dainese).
2 Knie/Schienbeinprotektoren, entweder integriert oder zum Umschnallen unter das Leder.
3 Ellbogen/Unterarmprotektoren verhindern eine Beschädigung des Leders beim Kontakt mit der Straße. Sie werden mittels Klettverschlüssen an der Lederkombi angebracht.
4 Ellbogen/Unterarmprotektoren in den Anzug eingearbeitet
5 Suspensorium (Genitalschutz) wird unter der Kombi getragen
6 Hüftprotektor aus Schaumstoff oder anderem plastischen Material
7 Schulterprotektoren, zumeist eingearbeitet und aus festen Nylonschalen oder Sylikon

Vollvisierhelm ist heute Usus. Beim Kauf sollte zudem noch auf eine wirkungsvolle Be- und Entlüftung geachtet werden und ob es ein beschlagfreies Visier dazu gibt.
Bei Lederkombis gibt es zusätzlich Protektoren. Diese Protektoren bestehen zumeist aus einer Nylonschale, die mit mehrschichtigem, geschlossenzelligem PU-Schaum ausgepolstert sind, oder aber

217

einer zähen Silikonmasse, die sehr elastisch ist (diese vor allem im Hüftbereich). Sie gewährleisten höchstmöglichen Schutz bei maximaler Beweglichkeit des Fahreres.

Schulter-, Hüft-, Ellbogen / Unterarm- und Knie / Schienbeinprotektoren sind entweder in der Kombi eingearbeitet oder werden separat umgeschnallt (siehe Abb.). Von verschiedenen Anbietern wie Dainese gibt es einen Rückenprotektor, der unter der Kombi getragen wird und bei Unfällen die Wirbelsäule schützen soll. Einer, der diesem Rückenschutz vertraute, ist Toni Mang.

Suspensorien (Genitalschutz) finden manchmal auch Verwendung, Mike Hailwood benutzte sie. In anderen Sportarten sind sie weit verbreitet, etwa bei Handballtorhütern. Man erhält sie im Sportfachhandel.

Was auf der Rennstrecke gut ist, taugt natürlich auch für den Straßen Verkehr, und jeder verantwortungsbewußte Motorradfahrer sollte immer nur mit entsprechender Schutzkleidung fahren, bevor uns die Bürokraten eine Kombi-Zwang verordnen.

Ziehen Rennfahrer eigentlich auch spezielle Regenüberziehkombis an? Jein müßte man darauf antworten. Wenn es warm ist, nehmen es viele Rennfahrer in Kauf, der besseren Beweglichkeit und Aerodynamik wegen, naß zu werden. Ganz anders sieht es aber bei Kälte aus; Durchnäßtwerden ist dann gleichbedeutend mit einem langsamen Auskühlungsprozeß. Dann sollte Regenbekleidung über das Leder gezogen werden, denn die genannten Nachteile (Aerodynamik/Beweglichkeit) spielen dann nur noch eine untergeordnete Rolle. Wichtig ist nämlich, daß auch der Fahrer »betriebswarm« ist. Ausgefroren und mit klammen Fingern ist bei einem Rennen kein Blumentopf zu gewinnen. Das gilt auch bei Bergrennen in kühler oder sogar kalter Jahreszeit. Da heißt es, sich vor dem Start mit einer Daunenjacke über die Kombi aufzuwärmen (siehe Übungen) und die Jacke erst kurz vor dem Losfahren ablegen.

Rennfahren ist Feinmotorik und die wird durch Kälte stark beeinflußt.

Wichtig für den »Kniff mit dem Knie« sind die außen angebrachten Knieschützer, damit bei dem dauernden Bodenkontakt der Kombi nicht zerstört wird. Diese Protektoren sind mittels Klettverschlüssen am Leder festgemacht und können so, wenn abgenutzt, einfach ausgewechselt werden. Ein ähnliches Patent gibt es auch für die Stiefel.

3. Lizenz, Starterlaubnis und Checkliste

Um lizenzpflichtigen Motorradsport betreiben zu können, bedarf es einer Fahrerlizenz. Diese Lizenz bekommt man jedoch nur als Mit

218

glied eines Motorsportclubs, der einem der großen Verbände (ADAC oder DMV) angehört, oder als Direktmitglied. Wenden Sie sich an:

ADAC-Sport
Am Westpark 8
81373 München
Tel. 089/76 76 21 41

oder an:

Deutscher Motorensport Verband e.V. (DMV)
DSB - Haus des Sports
Otto-Fleck-Schneise 12
60528 Frankfurt
Tel. 069/69 50 020

Neben der Mitgliedschaft erhalten Sie dort auch noch aktuelles Informationsmaterial über den Motorradrennsport.
Um die nationale Lizenz zu erhalten, müssen Sie sich an die Oberste Motorradsport-Kommission (OMK) wenden:

Oberste Motorradsport-Kommission (OMK)
Waidmannstr. 47
60596 Frankfurt
Tel. 069/96 31 530

Von dort erhalten Sie die notwendigen Formulare, die Sie in Ihrem eigenen Interesse rechtzeitig einschicken sollten, damit nachher nicht die Saison losgeht und Sie noch nicht im Besitz Ihrer Fahrerlizenz sind.
Obligatorisch ist ebenfalls eine ärztliche Tauglichkeitsuntersuchung, mit der Ihnen bestätigt wird, daß aus medizinischer Sicht keine Bedenken gegen Ihre Rennteilnahme bestehen. Von der OMK erhalten Sie dann ebenfalls den Veranstaltungskalender, dem Sie die Renntermine entnehmen können. Sie müssen dann die Veranstalter anschreiben und bekommen von dort die Ausschreibung plus die Nennformulare, die, wenn Sie dort starten wollen, ausgefüllt zurückzusenden sind. Heute ist es, im Gegensatz zu früher, obligatorisch, ein Startgeld zu verlangen. Dies senden Sie mit den Nennformularen an den Veranstalter.
Neben diesem direkten Weg, nämlich sich eine Rennmaschine zu besorgen, eine Lizenz zu beantragen und zu nennen, empfiehlt es sich, sich an die Institutionen zu wenden, die langsam und systematisch an den Rennsport heranführen. Da sind zum einen die

Rennfahrerschulen des ADAC-Sport, bei denen Sie an Wochenendveranstaltungen von Spitzenfahrern praktisch in die Geheimnisse des Rennfahrens eingewiesen werden. Die Adresse, an die Sie sich wenden müssen, steht oben. Alternativ dazu bietet das Institut für Verkehrs- und Motorsportpädagogik e. V. eine breitgefächerte Ausbildung als Übungsleiter Motorradsport an, bei der sie alle Motorsportarten plus der dazugehörigen Theorie an fünf Wochenenden (Freitag bis Sonntag) kennenlernen können. Sie haben dann auch die Qualifikation, in Ihrem lokalen Motorsportclub in der Jugendarbeit aktiv zu sein. Und dann sind da noch die MOTO aktiv-Veranstaltungen und die Trainings, die von verschiedenen Motorradzeitschriften angeboten werden. Und denken Sie immer daran: schnell im Wettbewerb, aber fair auf der Straße!

CHECKLISTE

		ok	überprüfen!
①	Ölstand		
	1. Motoröl	○	○
	2. Getriebeöl	○	○
	3. Kettenschmierung	○	○
	4. Gabelöl	○	○
②	Sicherungen		
	1. Mutter Vorderachse	○	○
	2. Mutter Hinterachse	○	○
	3. Kettensicherung	○	○
	4. Schrauben am Motor	○	○
	5. Schrauben am Fahrgestell	○	○
	6. Verkleidungsschrauben mit Klebeband gesichert	○	○
③	Fahrgestell		
	1. Lenkkopflager angezogen	○	○
	2. Achsen fest	○	○
	3. Kettenspannung	○	○
	4. Federeinstellung:		
	a) Gabel	○	○
	b) Federbein	○	○
	5. Spurkontrolle	○	○
④	Bremsen / Räder / Reifen		
	1. Bremsbeläge:		
	a) vorn	○	○
	b) hinten	○	○
	2. Räder laufen leicht	○	○
	3. Profilkontrolle	○	○
	4. Räder wuchtig	○	○
	5. Höhen- bzw. Seitenschlag	○	○
	6. Reifendruck:		
	a) vorn	○	○
	b) hinten	○	○
	7. Hydraulik	○	○
⑤	Kraftstoff	□	□
⑥	Zeitnahme	□	□
⑦	Signaltafel / Kreide	□	□

RENNPROTOKOLL

Datum: _____

Rennstrecke: _____

Veranstalter: _____

Wetter: freies Training   naß ◯   trocken ◯
       Pflichttraining   naß ◯   trocken ◯
       Rennen   naß ◯   trocken ◯

Temperatur: _____ Luftdruck: _____ Luftfeuchtigkeit: _____

Maschine: 1. Klasse _____

          2. Klasse _____

Reifen: Marke   Nummer: vorn   hinten

Einstellung Fahrgestell

Reifendruck: vorn _____ hinten _____

Gabel: Federvorspannung _____ Dämpfereinstellung _____

Federbein: Federvorspannung _____ Dämpfereinstellung _____

Einstellung Motor

Zündeinstellung: _____ Zündkerzen: _____

Vergaser:
    Hauptdüse _____ Leerlaufdüse _____ Schieber _____

    Luftschraube _____ Nadelstellung _____ Schwimmer _____

Nockenwelle: Einlaß: _____ Auslaß: _____

Ventilspiel: Einlaß: _____ Auslaß: _____

Übersetzung: Getriebeausgang   Kettenrad

1. Gang | 2. Gang | 3. Gang | 4. Gang | 5. Gang | 6. Gang

Trainingszeiten

Freies Training: ☐ ☐ ☐ ☐ ☐ ☐ ☐ ☐ ☐ ☐

Pflichttraining: ☐ ☐ ☐ ☐ ☐ ☐ ☐ ☐ ☐ ☐

Rennen

Zeiten: _____

Rundenpositionen: ◯ ◯ ◯ ◯ ◯ ◯ ◯ ◯ ◯ ◯ ◯ ◯
◯ ◯ ◯ ◯ ◯ ◯ ◯ ◯ ◯ ◯ ◯ ◯

Bemerkungen: _____

_____

PS FÜR SPORT-FANS!